歴史と伝統

太田博太郎

筑摩書房

日本の建築【目次】

伊勢神宮内宮正殿

法隆寺金堂

京都御所紫宸殿

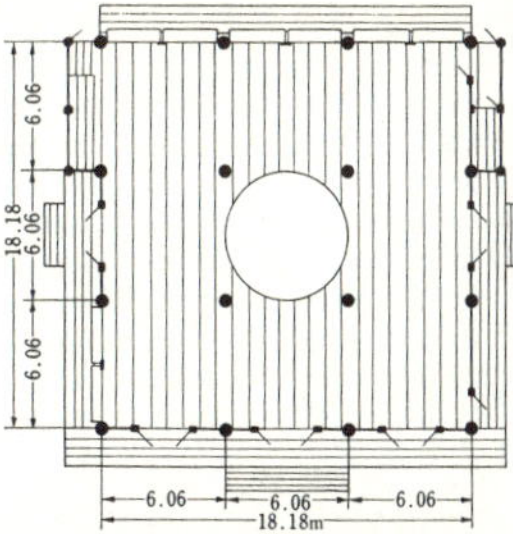

浄土寺浄土堂平面図

浄土寺浄土堂

東大寺南大門

興福寺北円堂

慈照寺銀閣

姫路城天守閣

園城寺光浄院客殿

曼殊院書院

二条城大広間

妙喜庵待庵

西本願寺書院

桂離宮（楽器の間西の広縁と中書院西側）

桂離宮（池と松琴亭）

日本の建築——歴史と伝統——

はしがき

筑摩書房の『日本文化史』に「城と書院」「平安京」を書いたのは三年ほど前のことである。最初はこの二つだけの予定だったのが、「日本建築様式の成立」「和様と宋様」「金閣と銀閣」など、昭和四〇年から四一年にかけてつぎつぎに書くことになった。

これらは概説的なものであるが、一般の概説書とはまた違った書き方をしたし、日本建築の伝統とは何かということを中心に考えて書いたものであるから、書かなかった時代のものを新たに書き加えて、原始時代から現代にいたる各時代での、問題になるテーマを揃え、一冊の本にしたいと思っていた。『日本文化史』は大変いい本ではあるが、ちょっと高いので、私が読んでもらいたい人達のところに、行きわたっていない。それで、もっと広く読んでもらうためにも、別の形で出版できればと考えていた。

そこへ、昨年末、堀口博士の『草庭』の解説を書いたとき、私のも筑摩叢書の一冊に加えたらというお勧めがあった。私としては非常に有難いことなので、最初の考えのように、書かなかった時代のものを書き足してと思ったが、最近は他に約束があって、なかなか新しく書く暇がない。そこで、この数年間に書いたもののうちから、一般的なもので、『日本文化史』の欠を補えるものを選び、一冊にまとめることとした。「原始住居の復原」は『考古学雑誌』(昭和三四年)に、「藤原貴族の住生活」と「鎌倉時代の建築と工匠」は角川書店の『世界美術全集』(昭和三七年)に、「入母屋造本殿の成立」は吉川弘文館の『日本歴史』(昭和四三年一月号)に、「桂離宮」は岩崎書店の『桂離宮』(昭和三四年)に、「江戸の防火」は彰国社の『建築学大系』(昭和三一年)に書いたものである。なお『日本文化史』には都合により注記しなかったが、「平安京」は小寺武久氏との共同執筆である。

これらはみな別々に書いたものであるから、かなり重複するところもある。しかし、それぞれが独立の論文なので、読まれる方も、かならずしも通読されなくてもいいのだから、というずるい考えをきめこんで、あえて重複を削除しなかった。

また、ここに入れるものとしては、他にも適当な論文もあったが、住宅関係のものは東大出版会の『書院造』(昭和四一年)に大部分採り入れて書いてしまったので、それとあまり重複するのもと思い、割愛した。

明治以後については、当然洋風建築について論じなければならない。しかし、ここ数年、私としては時間と労力の大きな部分を割いた平城宮跡保存について、同じ筑摩書房のグリーンベルト・シリーズ『平城宮』(昭和三八年)に書いたものがあり、現在では絶版になっているので、これで代えさせて頂いた。これはもっともっと広く読んで頂きたいからである。

大変いいわけがましいことばかり述べてきたが、日本建築の伝統とは何かという問題を考えるとき、従来のいろいろな論説に現われたものだけでなく、建築史家としては、もっと細かに見、具体的に論ずることによって、何らかの寄与ができるものと考えている。そういった意味で、この本を読んで頂ければ幸いだと思う。

昭和四三年六月

太田博太郎

一　原始住居の復原

原始住居の復原に関する諸研究

原始住居がどのような形をしていたかということは、大正年代以来、天地根元宮造という、切妻屋根を地上に伏せた形のものがこれだと考えられて来た。

この名称は江戸時代の工匠の命名であるが、このことについては堀口捨己が、「出雲大社と古代住居」（『古美術』一九五）のうちに、一八〇四年（享和四）の辻内伝五郎の伝書、一七三九年（元文四）の『摂州四天王寺流社方之巻』を引いて述べている。

これが一般化するようになったのは、伊東忠太・関野貞などがこれを採用してからのものであろう。伊東忠太は「日本神社建築の発達」に、関野貞は「日本建築史」でこれを説いている。

この天地根元宮造を原始住居の形とする考えは、大正年代から昭和一〇年ごろまでは広く行われていた。そのため、今日でも、これが先入主になっていると思われる節がないで

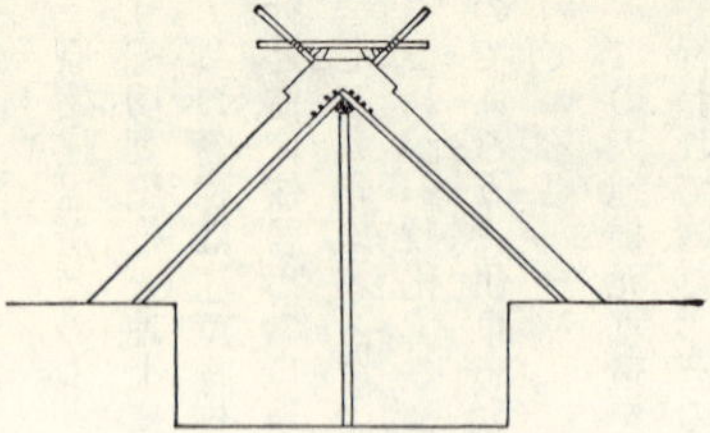

I−1　天地根元宮造

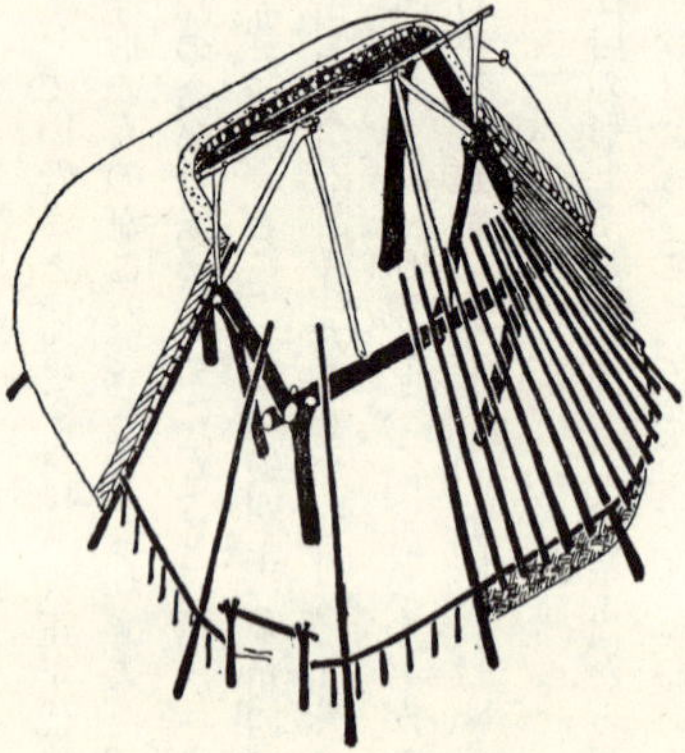

I−2　『鉄山秘書』に見えるタタラ

もない。

これに対して反対の意見を述べたのは、関野克である。関野は従来発掘された竪穴《たてあな》住居跡が、壁からやや内方に設けられた四本柱を主体とするもので、天地根元宮造なら中心軸線上に主柱穴があるべきなのと相違している点を指摘した。

さらには竪穴の上屋構造の種類を理論的に網羅し、棟持柱《むなもちばしら》・切妻屋根の天地根元宮造形のものが、遺跡から考えられる形のものと系統が違うことを指摘し、竪穴の屋根構造は天地根元宮造でないことを論じた。

理論的分類の方法は、それ自体積極的な意味を持たないので、この考え方は余り進展を示さなかったが、関野はこれについで俵国一の校訂した江戸時代の冶金書『鉄山秘書』に「高殿《たたら》」とよばれる建物があり、その平面が竪穴に残る柱穴に酷似することを発見した。「鉄山秘書高殿に就いて」（『考古学雑誌』二八巻七号）はその紹介であり、これが竪穴の上屋構造に対するもっとも有名な説となり、登呂の竪穴がこれによって復原されて以来、かなり広く認められるようになった。

私も基本的にはこの説に賛成であるが、その後、各地で行われる復原を見ると、かならずしも、これが十分な賛成をえているものとは思われない。もちろん、それにはそれ相応の理由がある。なぜなら、関野説は、「タタラ」という建物の平面が竪穴に残る痕跡とただ「似ている」というだけであるから、こうでなければならぬというような強い根拠を持たない。それは、失礼ないい方をすれば、偶然の類似かもしれないからである。これに対して、強い反対を述べたのは石原憲治である。（『建築雑誌』七七五）

だが、果してこの説は、そのような、たんなる類似に終るものであろうか。この点については、関野はとくに述べていない。私はこの説は有力なものと思っているが、以下述べるのは私の考えであって、あるいは関野説とは違うかもしれない。

復原の史料

原始住居の復原はどのようにして可能であろうか。このような方法論的問題は、いわば歴史家の常識であるから、ここに改めて述べる必要はないかもしれない。しかし、建築史家の復原案にしても、かならずしもこのような方法論的反省の上に立っているとは思えないものもあるし、また、その説明がないために考古学者からは、たんなる想像に止まると考えられているように思える。

歴史の史料が、わかり易い分類に従えば、文献と遺物と伝承とからなっているのは周知のことである。もちろん、これは史料の性質に即していうのであるから、伝承のうちには、物もあれば、文字として残されたものもある。そして、これらの史料のどれを重んずるかによって、普通いう歴史学、考古学、民俗学という研究分野が定められている。

史料として一番大切なことは、いうまでもなく、その史料が対象と同時代のものであるかどうかということである。同時代の遺物それ自体があれば、いま問題にしているのは、原始住居それ自身であるから、簡単に解決できる。

しかし、従来、原始住居はただ遺跡として発見されるのに止まり、遺物としては、柱根の一部、壁・屋根の一部かと思われるものの断片、火災にあったため、炭化して残っている構造物の一部が発見されたに止まる。

これら遺物の発掘例は年々、わずかではあるが増加しているから、残存状態のよいものが、いま少し増加してくれれば、遺物それ自体から直接復原を試みることが、かなり可能になるかもしれない。

一八一七年（文化一四）、出羽秋田郡の洪水で、土中に埋没していた木造竪穴住居が発見された例が、平田篤胤の『皇国度制考』に出ている。この家屋は中世のものと推定されているが、もっと古いものについて同様のケースが起らないとは限らない。そうなれば、問題は飛躍的に発展する。現に秋田では平安時代と推定される埋没住居が発掘されている。しかし、これで昔の構造を完全に知りうるまでには至らない。

また、伊豆山木遺跡のように、住居が流されて、他の地点に遺物として埋没していたという例もある。このようなときは、遺物を組み立てるにあたって、いろいろな解釈が入るから、遺構がそのまま埋没されていたときに比べると、そこに解釈という手続きが、より多く入るだけ決定的にはならないが、遺物の数が多いから、復原史料としては非常に有力である。

いずれにしても、このような発見例が今後出る可能性はあるから、遺構・遺物による研究はそれによって進むであろう。

いかなる案も遺跡に適合しなければ、無意味となる。したがって、絶対的な強さという面では、遺跡・遺物は他のいずれの史料よりも強力である。直接的復原史料であるから、遺物・遺跡によるのが復原的研究の本筋であることは疑いない。

しかしこれは将来のことに属し、今日では、遺物それ自体から復原できる段階ではなく、他の方法によってえられた説の適否を判断する資料に止まっている。

遺跡を手がかりとして、これに基づいてその上に作られる屋根の形を理論的に究明しようとすることも考えられる。関野克の「竪穴家屋と其の遺跡に就いての理論的考察」（『ミネルヴァ』二ノ一）がそれであって、彼は柱の数と位置、垂木《たるき》の平行移動と放射状配置により分類し、「今日迄発見された住居跡の系統はすべて垂木の放射配置で、平行移動の例は無い。随って平行移動系の天地根元宮造は又別の系統であることが知られる」と結論している。

この結論は注目すべきものであるが、それはさておき、この方法の欠陥は、その理論的分類がすべての場合を網羅しない場合があることで、また分類の方法が適切でないと、実際的な、有効な推測に役立たないことである。

さらにこのような方法では、遺跡の形によって、ある種の屋根構造は考えられないという、消極的、否定的な決定を与えるだけで、ありうるすべての屋根構造の、どれを採るべきかという、積極的論拠はえられない。

しかし、理論的な分類によって、ありうべき構造と、ありえない構造とを、はっきり区別しておくことは、考察を進める上に、欠くことのできないことであろう。

遺物のうちには、土器・鏡・銅鐸などに描かれた家屋の図があり、埴輪家のような立体的なものもある。竪穴住居は長く中世まで行われていたし、とくに古墳時代までは広く各地で行われていたと考えられるから、少なくとも古墳時代のものを復原するに当っては、同時代的史料と認められる。

I-3　銅鐸に見える高床建築

しかし、それは家屋それ自身ではない。それが描かれ、あるいは埴輪家として作られたとき、すでにある解釈が入ってくる。そういう意味でいえば、遺物それ自体ではなく、表現の誤りを含む点で、文献などとあい似た性質をもっている。

第一に問題になるのは、この点であって、果してその絵が、当時の家そのままの形であったろうか、という疑問がある。少なくも、埴輪家のようなものには、ある種の誇張が伴っていることは否定できまい。

第二に、唐子《からこ》出土の土器に描かれた家屋の図のようなものであれば問題ないが、鏡・埴輪というものは、すべて貴族のものであり、貴族のために作られたものである。このような貴族のためのものに、一般庶民の住宅が描き出されるだろうかという疑問がある。もし、当時の貴族の住居と庶民の住居とが、同じ系統であったとするならば、いずれを描いていても問題ないが、そうでないとしたら、これらを庶民一般の住居形式であると考えられる竪穴住居の復原史料とすることは差しひかえねばなるまい。

しかし、これらがその時代の家屋を表現したものであることは疑いなく、貴族のものか庶民のものかという点を論外とすれば、同時代のものであるだけに、信頼度の高いものと考えられる。

原始住居を古墳時代ごろまでのものに限定すれば、そのときの文献がないことはいうまでもない。しかし、当時の文献が現存せず、後の編纂物であっても、原史料として古墳時代のものが用いてあればよいが、そのようなものは、もちろんない。『記・紀』その他の文献によって知られる住宅の形態は、奈良時代のそれであり、古墳時代以前のものの名残りであるから、文献史料といっても、それらは民俗史料としての性質しか持ちあわさないということになる。もちろん、そのうちでも、古いものほど、原始時代に近いから、内容についての信頼度は高いが、実際には、古い文献には、ごく断片的な記載しかなく、復原史料としての価値は低くなる。

このように見てくると、頼みの綱は残る民俗史料しかない。民俗史料の欠点は、それが果して古いものを伝えているかどうかが明らかでないところにある。現在の民家などから昔の家を推測するにしても、現在のものが、なんらかの原因で、昔のものと全く変ってしまっていたら、何の役にも立たない。

これを立証することは不可能であるが、しかし、民俗学的な研究方法が一般に認められて来た今日、これを原則的に論ずる必要はあるまい。ただ、個々の場合について、すなわち、原始住居の復原に利用する個々の史料について、その可能性のあるなしを考えればよかろう。

土間と板敷

原始住居の復原について、神社建築のうち、古様を保つ神明造や大社造が利用されていることは周知の事実である。これらは、近世あるいは現代の再建のものである。しかし、伊勢神宮が奈良朝以来の形式を今に伝えているところから、また、飛鳥奈良朝に伝来したシナ建築の様式と違うところから、古墳時代にまで遡るものと考えられ、利用されているのである。史料の性質からいえば、それは明らかに民俗史料としての利用であって、復原しようとする家屋と同時代のものとして、史料にされているのではない。

このように、従来とても、民俗学的な研究方法は使われていなかったのではないが、この場合は、神社建築の形式が原始住居の形式を伝えていたとしても、それが果してどのような階級の家であったかを考えてみなければならない。

昭和一〇年ごろまでの住宅史では、竪穴の上に切妻屋根を伏せた天地根元宮造をもっとも古いものとし、これが竪穴住居から平地住居になり、周壁が地上に出て、さらにユカの高い神明造や大社造になり、それが日本住宅の基本になったと考えていた。

そうすると、ユカだけをとって考えてみても、竪穴——平地土間——高ユカとなり、それ以後は逆にだんだん低くなっていったことになる。このような変化は、ありえないとまではいえないにしても、あまり自然的な変化ではない。そこに、なにか不自然なものがある。それは、この説が誤っているからではなかろうか、すなわち、この系統図のどこかにギャップがあって、不連続になるのではなかろうかとの疑問が生まれてくる。

高ユカ住居が日本住宅の祖形であるとしたら、農家に土間のものが、ごく最近まであったことは、どう説明したらよいのだろうか。

土間住まいの例は藤田元春『日本民家史』、石原憲治『日本農民建築』、小倉強『東北の民家』などに例がひかれていて、以前から知られており、それが古い形式を残すものと見られていた。

しかし、それらは比較的珍しい例のように考えられがちであったが、小倉の集めた東北諸藩の住宅建築に関する法令でみると、仙台藩では一八一八年（文化一五）に、一村に一二、三軒ずつ「軽き板敷」を許しており、米沢藩では一七八九年（寛政元）板敷を禁じ、新庄藩の一八〇五年（文化二）の制令では「前々より小百姓家掘立土間に限り候、近頃は猥りに相聞候、……板敷は座敷一と間に限り、其外、勝手廻り板敷堅く停止之事」としている。

これらからみると、後進地帯の農村では、江戸時代には土間の家が普通であったことがわかるし、一七八七年（天明八）の『東遊雑記』、一八四七年（安政四）の『きりもぐさ』などによると、東北や信州では土間住まいの家が多かったことが知られる。（現に長野県秋山郷には土間住まいのものがある）

伊藤鄭爾の『日本の民家』（信州甲州篇）には諏訪の藤森邸を二百年ぐらい前のものと推定し、それが土間住まいであり、藤森家が元禄享保年間には一五町歩も小作経営していた大百姓であることから、土間住まいが、必ずしも低い階層の家だけではなかったことを示している。

このようにみてくると、近畿などの先進地帯では早く板敷の家となっていたが、後進地帯では江戸時代にも土間がかなりあったとしてよいであろう。

先進地帯の庶民住宅がいつごろまで土間だったかは明らかでない。奈良時代のものが土間だったことは、憶良の貧窮問答歌に「ひた土に藁とき敷きて」とあるから明らかであるし、七七一年（宝亀二）の文書の外従五位下某、同三年の出雲国員外椽正七位上大宅船人、七四八年（天平二〇）の小治田朝臣藤麻呂の家など、主屋と思われる建物に「板敷」と特に記され、他にはその注記のないところからみると、注記のない建物は土間であったとしなければなるまい。

平安初期のものも同様で、下って九一二年（延喜一二）の正六位上山背忌寸大海当氏の家にも板敷と記されたものと、その記入のないものとがみられるから、このころまで、下級官人の家でも主な建物以外は土間だったと思われる。

これらの例から江戸時代の庶民住宅の土間住まいは、奈良時代以前から引続きのものであると認められるであろう。

これに対して貴族住宅にユカがあったことは、法隆寺伝法堂前身建物や、藤原豊成邸の建物などから明らかである。

奈良時代以前のもののユカについては、直接の史料はないが、古墳時代の形式を伝えると考えられる大社造や、神明造から窺われるであろう。

もっとも、この点については、考古学者や建築史家の間には、高ユカの建物は倉であって住居でないとする説が一般に信じられている。私も、倉に高ユカのものがあったことは、もちろん否定しないが、高ユカの建物すべてを倉とすることはいかがであろうか。

神社建築が倉庫から始まったとする説は、神社をホコラというのはホクラの変化したもので、ホは美称でありクラは倉であるとし、また、神社建築の発生は農業生産を主とした時代にあるから、豊作を祈り、また感謝するところに発し、穀物を入れる倉が重要視されて社殿になったのであるとする。

最初のホコラについては、神社はむしろ、ミヤ・ヤシロの方が一般的な名称であり、クラは倉だけでなく、クライなどのごとく、場所・所といった意味であることを示せば足りるであろう。また宗教の発生については、農業生産との関連で考えられるにしても、それが永久的社殿を持つ神社建築にまで発展するとき、すでに貴族が発生し、その住宅が立派に造られていたとき、それが神の住まいとして建てられることも、当然考えてよかろう。

I－4　家屋文鏡に見える高床建築

神殿は神宝を入れる倉ではなくて、「この鏡を見ること我を見るがごとく」と伝えられたように、少なくとも奈良時代には「神の住まい」として考えられていたのであるから、このような神殿に対する観念は、もっと遡ってもよいと思われる。

この問題を別にしても、大陸建築の影響の大きかった奈良時代において、貴族住宅にユカがあってシナ風の土間でなかったのは、すでに何百年かのユカのある住宅の伝統が、住居には土間を持ちこませなかったものと解するのが妥当であろう。

家屋文鏡にはユカの高い家が描かれているが、その一つには宝蓋を挿しかけたと見られる図がある。これなどは倉にこのような貴人の象徴としての蓋をかけたとは思えないから、当然、居住用の建物としてよかろう。出雲大社は天神の宮殿と同じに造った「天日隅宮《あめのひすみのみや》」の後身で「天皇の御舎《みあらか》」のごとく修理したと伝えられるように、奈良時代の人は社殿と宮殿とを同じとみていた。

古墳時代における貴族の住宅は、地方の小豪族においては、埴輪家にみるような、ユカの低い（あるいは土間）のものがあったかもしれないが、中央のものは、ユカを高く張ったものと見てよいであろう。

ただ、ここで、それらが高床といわれるほどユカが高かったかどうかは明らかでない。しかし、ユカの高さは建築の面からいうと、かならずしも、本質的な問題にはならない。ユカが二mのときは高ユカで、それ以下は高ユカでないというような厳重な区別はできないし、またしたところで意味がない。

私がユカのあるなしを問題にするのは、人間の生活面が土間であるか、板敷であるかにその本質的差異を見ようとするからである。

どこの国でも、住居の初まりは土間であった。そのうち、湖上住居・杭上住居・樹上住居などができたところもあったが、一般的には土間のままであった。貴族の発生したころ、土間の住宅を用いたところでは、イスと寝台とができた。今日世界の文明国はみなイス式になっている。

このようなイス・寝台の発生は、一つには地面の湿気から離れるためであり、また一つには貴族がその地位を奴隷に対して示すものであった。

日本においても、大陸建築の影響を受け、イスや寝台が輸入された。すでにシナでは日本の弥生式時代のころ、イス式になっていた。しかし、ついにイス式は日本の一般的な起居様式にはならなかった。その理由は、次のように考えられる。

日本にイス式が入ってきたのは五―六世紀ごろと思われるが、そのころ、日本ではすでにその必要が認められなかったからであろう。というのは、六世紀ごろの貴族住宅はユカのある家であったから、地面の湿気を避けることも、また貴族がその権威を示すことも、この高ユカの家で十分充されていた。こう考えなければ、イス式に転ずるのが世界一般の傾向であり、常にシナ文化の強い影響をうけていた日本が、イス式だけを採り入れなかった理由を考えることができないであろう。

このようにみてくると、古墳時代の住居は、貴族の板敷のものと、庶民の土間のものとに分けなければならぬことに気づくであろう。

マヤとアズマヤ

屋根の形はどうだろうか。奈良時代の文献には真屋（マヤ）と東屋（アズマヤ）というのが出てくる。マヤが切妻であり、アズマヤが寄棟であることは、平安時代の『和名抄』以来認められている。（入母屋もアズマヤのうちに入るものと、私は考えているが、いまはそれに触れない）

マヤの「真」は真木・真綿などのマと同じで、文字通り「本当の」という意味であろう。アズマヤは四阿・阿舎などの字もあてられているが、東屋の示すように、東国風のということであり、さらに広く、都風のものに対して田舎風のという意味であろう。

これは要するに、屋根の形そのものを指した言葉ではなく、その形のもとを示し、また価値評価を示す言葉である。しかし、この言葉が使われていた奈良時代には、建物の方はどうだろうか。

仏教建築でいえば、入母屋や寄棟は金堂《こんどう》その他の立派な、重要な建物に用いられ、切妻は門その他の程度の低いものに用いられている。このことは、法隆寺その他、奈良以前の建物を見れば一目瞭然であるし、またこのきまりは、その後、長く守られている。宮殿についても『唐令』に「宮殿みな四阿」というのがあって、同様であり、寝殿造でも寝殿は入母屋、東西の対は切妻となっている。

これからみると、アズマヤの方が上で、マヤの方が下である。しかし、言葉の示すところはそれと逆であるのは、マヤ・アズマヤという言葉ができたときには切妻の方が程度の高い建物に用いられていたからであろう。寄棟の方がシナ建築の輸入によって重要視されるように変っても、言葉の方はそのまま残ったので、このようなことになったものと考えられる。

つまり、仏教建築渡来以前、古墳時代には切妻（マヤ）の方が立派な屋根だった。これは神社建築を見れば、簡単に諒解されるであろう。神社本殿には寄棟のものは全くなく、入母屋も後世のものにあるだけで、神明造・大社造・八幡造・流造・春日造など、一般的な本殿形式は、近世の権現造本殿を除いて、みな切妻造である。

神社建築の発生は、おそらく当時の宮殿によったものと思われるが、これからみて、古墳時代の宮殿は切妻であったと考えられる。これに対して、東国の民家は、今日もそうであるように、寄棟だったのであろう。そうして、マヤとアズマヤという言葉が生まれたものと考えられる。

切妻と寄棟とは、ただ外観が違うだけでなく、構造的にも重要な違いを含んでいる。今日ではもちろん、日本の仏教建築では、普通切妻も寄棟も同じく平行の垂木《たるき》で屋根面が構成されているから、ちょっと気がつかないが、垂木は平行と限らず、放射状の、いわゆる扇垂木《おおぎだるき》もある。

放射状の垂木の配置は入母屋や寄棟ではできるが、切妻ではできない。したがって、平行垂木だけで考えると、アズマヤとマヤとの間に本質的相違は認められないが、放射状垂木を考えれば、その間の差異は明らかであろう。

日本では扇垂木は鎌倉時代に宋から伝わったとされていた。しかし、四天王寺の発掘で扇垂木の屋根が発見されて、それ以前からあることがわかったが、平安以前の遺構に一つもなく、また鎌倉以後の和様にも全く見られないことからみて、シナから伝わりはしたが、あまり行われなかったことは確かである。

その理由は明らかでないが、日本では古墳時代の宮殿・神社が平行垂木であり（切妻であるから当然そうなる）、それが尊ばれていたから、大陸建築が伝来し、扇垂木が伝わっても、それを真似ようとしなかったのであろう。

シナ建築の垂木はまだ十分明らかにされていないが、おそらく寄棟や入母屋の建物はみな扇垂木で造られていたのではなかろうか。寄棟の原始形が放射状垂木によって構成されていたであろうことも想像される。

ハシラとサス

屋根を支える、普通天井裏にある小屋組《こやぐみ》と呼ばれる部分は、日本では和小屋と呼ばれる構造である。これは柱の上に梁《はり》を渡し、上に束《つか》を立てて棟木《むなぎ》を支えるもので、垂木は柱上にハリと直角に渡された桁《けた》から棟木にかけられる。

　これは切妻でも同じであり、神社建築でも、仏教建築でも、また住宅建築（都市の）でも同様である。建物が大きくなると、ハリが何段にも組まれることがあり、神明造では棟木を直接支える棟持柱《むなもちばしら》があるが、棟木が垂直材によって支えられているという構造の原理は同じである。

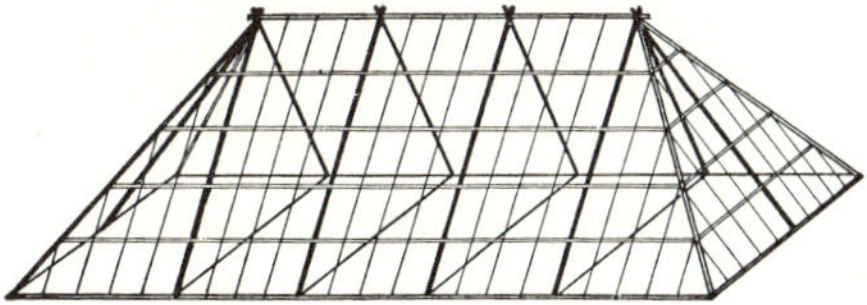

I－5　農家の屋根構造

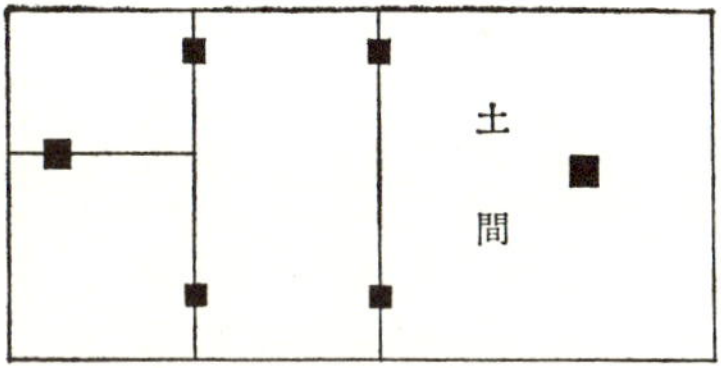

I－6　尾張の古い農家の平面

　これに対するものは、扠首《さす》あるいは合掌《がっしょう》とよばれる斜材の組み合せによって棟木を支える方法で、仏教建築では、ごく稀にみられるだけである。

　ところが、民家でみると、飛驒の合掌造など有名なものがあるだけでなく、寄棟の民家（民家は大部分寄棟である）ではこの工法によっている。

　これは二本のサスだけでなく、三本のサスを組んだものを主体とする。これを二組、柱上の桁《けた》において、棟木を支えている。この場合、隅木はあるが、社寺建築のような、構造の主要材とはならない。隅木は、いわば垂木のうちの一本に過ぎなくなっている。

城戸久は尾張の古い民家を調査して、そのうちに上図のような六本の太い柱があることを明らかにした（「尾張に於ける古農民建築」『建築雑誌』六四五）。普通なら隅木に一番荷がかかるから、隅柱を太くするなら話はわかるが、そうでなく、隅以外の柱を太くしたというのは、ここに六本（三本ずつ二組）のサスが載るからに外ならない。

このような構造法は、ハシラやツカのような垂直材で棟木を支えるものとは、構造の原理を異にし、かつ、この場合は垂木も放射状におくことが予想される。現に民家のうちには放射状垂木のものがある。

それが社寺や貴族住宅と構造の系統を異にするということは、民家の屋根構造が、仏教建築で代表されるシナ建築の伝来よりも古く、かつ、神社建築で代表される古墳時代の貴族住宅とも違った起源を有することを示している。

このようにみてくると、古墳時代の日本の住宅は、板敷――切妻（平行垂木）――垂直材で棟木を支える貴族住宅と、土間――寄棟（放射状垂木）――サス造の庶民住宅の二系統であったと考えられよう。

竪穴住居の復原

原始住居の復原にあたり、史料として用いられるもののうち、遺物・遺跡はもっとも重要なものではあるけれども、現在の状態では、それから、直接、復原できるまでに至っていないことはすでに述べた。

文献についても、同時代性を欠くがゆえに、その性質は民俗史料と同様のものであることも明らかであろう。そうなれば、残るところは、文献にしても、物にしても、後の時代のものから類推するという、民俗学的研究が残された重要な方法である。

民俗史料による復原に入る前に、いろいろ述べて来たのは、日本の古墳時代の住居は、一系統のものではなく、二つの系統に属するものと認められるから、これを念頭におかないで復原すると、思わぬ誤りをする恐れがあるからである。

もちろん、二系統とはいっても、それらは同一の時代に、同一の土地に行われたものであるから、相互に影響しあうことは当然であり、高ユカと竪穴といっても、その中間的なものが存在することは当然である。

さて、原始住居の復原の方法として、よく用いられるのに、現在建てられている小規模のムロだとか、物置などの小さな、ごく軽微なものが採りあげられる。たとえば石原憲治の挙げた多摩の寄棟のムロ、そのほかよく例に上げられるものでは肥料溜を覆う切妻の小屋などがある。簡単なものほど、原始的な構造を残しているだろうという前提に基づいてである。

もちろん、これらは重要な史料であるが、小さなものの方が大きなものより、かならず構造的に原始的であるとはきまらない。場合によっては、特殊なものである恐れがあることを注意しておかねばなるまい。しかし、これらのうちに、原始時代以来の構造法が伝えられている可能性も大きい。したがって、要はそのうちのいずれを採るか、ということであり、それは他のものと比較して定めなければならない。

従来は原始住居の型を、日本内地でだけ探している傾向が強かった。しかし、他の国々の原始的な住居が、どのような構造を持っているかを知ることによって、決定的な結論は生み出されないまでも、先入主にとらわれずに、広い視野のもとに、この問題を追求することができる。

高ユカで棟持柱がある例は、スマトラなどの民家にそれと同様なものがあることが紹介されていたし、また、アイヌの家の屋根構造は農家と同じく、三本のサスを二組おいたものであることも知られている。

しかし、日本の竪穴住居跡と似たプランを持つものを広く紹介したのは村田治郎の「原始住居の一つの型」(『建築雑誌』七七五)で、このうちにカラフトアイヌの土の家やアリューシャン・カムチャッカ・アラスカ・カナダ・黒海沿岸などの例をあげ、それらから、

(イ) 主柱が四本以上、掘立てられ、柱の上部は二股になっているのが好まれ、その上に井の字形にケタをおく。

(ロ) 垂木は放射状に並べられ、井の字形のケタの上で集中して円錐形とする。ただし頂

上に四角な穴をあけている例が多い。
という、二つを共通点として挙げている。これはまことに注目すべき見解であるが、ただ、日本との親近関係がアイヌの家以外に乏しいから、これだけから結論を下すわけにはゆくまい。

なお『魏志』韓伝には朝鮮の家を「居処は草屋土室を作り、形は冢《つか》（塚）の如く、その戸は上にあり、」と記しているから、村田の挙げたものと、同じような形に思える。今後、これら隣接諸国の考古学的研究が進めば、この方面から有力な示唆が与えられるようになるかも知れない。

ここで、目を日本に向けてみよう。竪穴住居は縄文時代だけでも数千年の永い間、日本列島の全部に行われていた住居形式であり、その後、地方によっては室町時代までも作られた。後の時代のものが、縄文時代のものと、同じ構造であった証拠はないが、常識的に考えても、そうはなはだしい変化はなかったであろうと思われる。このように、広く、永く作られていた竪穴住居は、たとえそれがなくなっても、日本のうちに、何らかの形で残っていてよいであろう。

関野が挙げた砂鉄製錬小屋の「タタラ」はもちろん近世のものではあるが、その平面が竪穴住居跡と全く同一といってもよいこと、構造が原始的で、他の民族の原始的な家屋にも似た構造があること、その行われている山陰地方は古くから砂鉄の産地として知られて

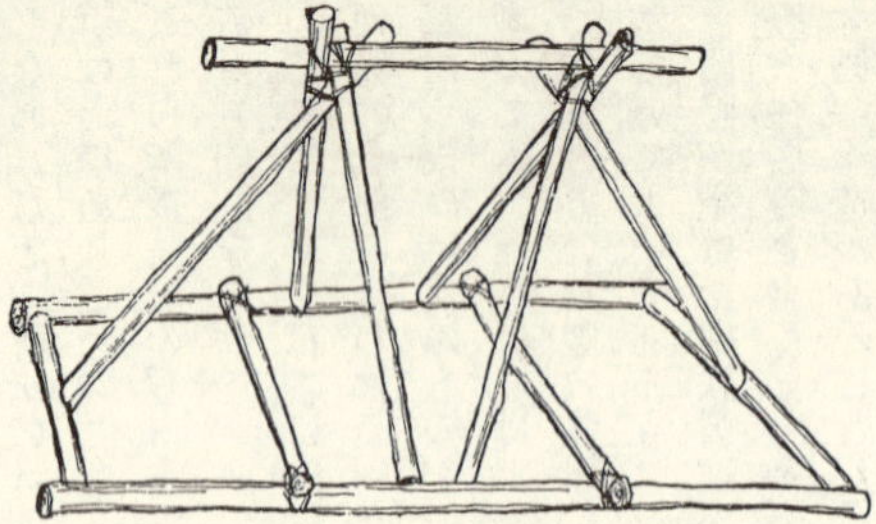

I－7　アイヌ住宅の小屋組

いることなどから、これに竪穴の構造が遺存している可能性は大きい。それはたんなる、偶然の一致以上のものがあると見られる。

この案について、石原・村田の意見もあるが、それは後で述べることとし、次に日本に現存する、大陸系と違った屋根構造、民家の屋根に注目しなければならない。

農家の屋根がサスによって組立てられていることは前述の通りである。この構造はアイヌの小屋構造と一致し、三本の材を組んで立体を構成する方法は、もっとも簡単で、しかも強固な安定的なものであることは明らかである。これを強く主張したのは石原憲治である。

もし、これが古くからのものでなかったとしたら、一体、どこから入って来たものであろうか。現在のところ、これが後世始ったとする痕跡だに見出せない。ということは、この構法が、大陸系のツカ・ハシラ型のものより古く、日本において行われ、それが今日まで残存していると考えざるをえない。しかもこれは庶民住宅にだけ用いられているものであるから、竪穴住居からのものとすることに、そう異論はないであろう。

ここで竪穴住居跡を振りかえってみよう。それには古墳時代のもののように、ほとんど矩形といってもよいぐらい、隅のきちんとしたものもあるが、縄文・弥生両時代のものは、円か、隅を大きく丸めた形である。

このような円みをもった平面は、垂木を平行移動したものではなく、放射状配置のものでなければならない。そうすると、遺跡からいって切妻造の屋根は考えられず、錐状あるいは寄棟状の屋根があったと推測される。

このような点から、ツカやハシラによって棟木が支えられる構造は不適格で、サスによって支えられる構造であったと考えられる。

このようにみてくると、サスによる農家の屋根構造は、竪穴住居以来の伝統を伝えている可能性がいちじるしく強い。

農家と「タタラ」とを較べてみると、桁の上に二組の三本のサスを乗せたところは同形であるが、農家は柱のところで垂直の壁を設け、「タタラ」はこれから外方に垂木をわたしているところが違う。また、井桁の上にタタラでは一本のツカを立てて、棟木の先を支えている点が違う。このため、これによって復原された登呂の復原家屋には、上に妻の転びの強い切妻屋根を乗せた形になっている。

この二点を石原は強く非難しているが、村田は縄文式時代のものは、タタラのケタから下のような構造で、後にはこのような複合したものもあったかもしれないといっている。

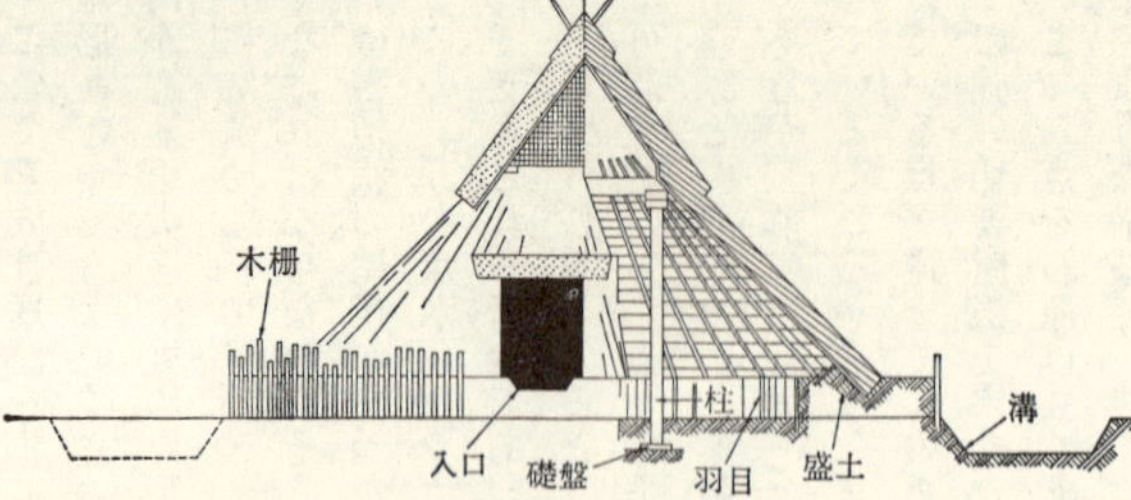

I−8　登呂の復原家屋（『登呂報告書』より）

ツカを用いている点、サスが下まで延びず、上部に切妻屋根を載せた形になっている登呂の復原住居についても、両博士同様、賛意を表しがたいが、しかし、これに反対するあまり、タタラの構造を原始住居の復原に役に立たないといわれる石原の説にも同じ難い。

というのは、ツカを用いている点を除けば、タタラと農家の屋根構造とは、同一の構造原理によってなり立っているからである。その両者のうちの共通点をとりあげることが、必要であろう。

縄文・弥生ごろの竪穴でみると、四本の主柱を用いたものが圧倒的に多いが、その柱間は三―四mを普通とする。そして、柱のない竪穴は、三mぐらいより、小さな径のものである。このことは、当時の構造技術として、三―四mまでは中間の支えなしに構築できたことを示すものである。これ以上になると、サスの途中に支えが必要となる。

支えの柱のないものは、おそらく錐状の屋根であったろう。その構造主体は三本のサスで十分であるが、それ以上の数のサスを用いたものもあったかも知れない。

これ以上の大きさのものを作る場合、途中の支えがいるが、これはサスを直接ハシラで支えるよりも、四本のハシラを立て、井の字形に横架材をのせ、これにサスを立てかけるのが構築するのに容易であったから、このような形がとられたのであろう。たとえば、図のようなものが考えられよう。

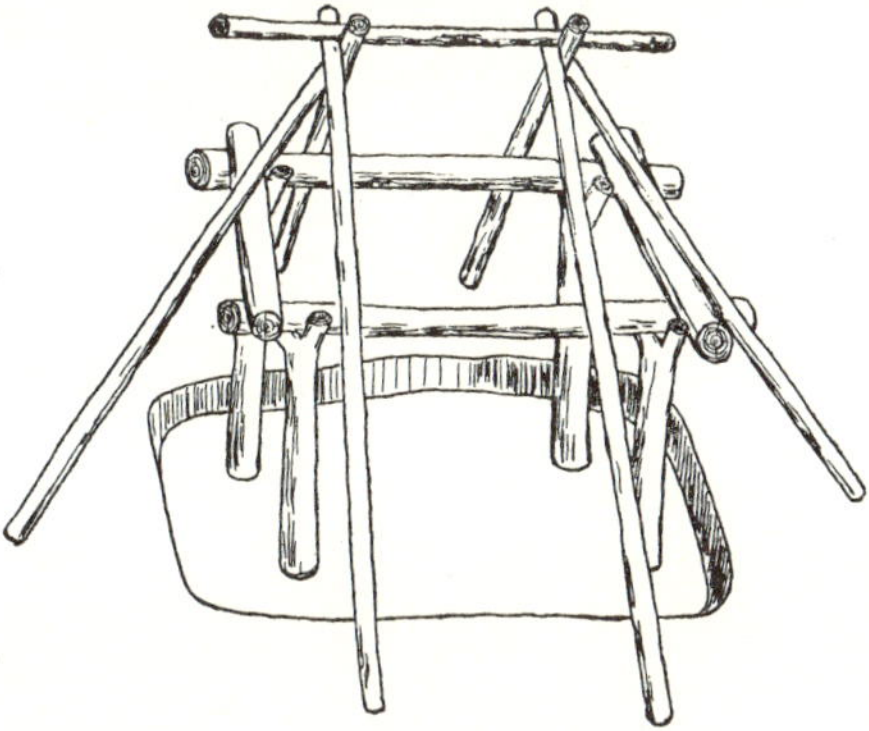

I－9　竪穴住居の構造

この場合、ハシラは必ずしも四本とは限らない。それ以上のハシラを立て、その上をつないでも一向さしつかえない。五本、六本の主柱を持つものなども、要するにサスを支えるケタを載せるため、適宜立てられたものであろう。

要するに、竪穴住居の屋根構造は竪穴の平面や、農家・タタラ・外国の原始住居などからみて、垂直材で棟を支える型でなく、斜材で棟を支え、放射状垂木で屋根面を構成したものとだけはいえるであろう。このことから、屋根の外形は、円錐形あるいは、それを二つつないだ隅丸の寄棟形になると考えられる。

それ以上の細かいことを考えるのは、現在の史料では無理であり、また誤りを犯す恐れがあろう。

二　日本建築様式の成立

竪穴と高床

第二次大戦後、イス式はかなり広まって来たが、それでも完全に洋風の起居様式をとっている家庭はほとんどない。畳の上に坐るというのが、まだ日本の家庭では支配的である。では、外国ではどうだろうか。世界の文明国で、イス式でないところはどこにもない。日本が古くからその文化を輸入し、千何百年もの間、始終影響を受けて来たお隣のシナでも、すでに二千年も前、漢時代からイス式が行われている。

その影響で、日本にもイスは早くから伝わっている。四世紀ごろの埴輪にもイスがあるし、八世紀のころのものとしては、聖武天皇の寝台が正倉院に遺っている。寺院内の住宅建築である僧房でも、窓台の高さから見て、イス式だったと推定されている。朝廷では床《しょう》子《じ》とか、倚子《いし》とか、草墩《そうとん》とかいう各種のイスがあり、さらに遅れて一三世紀には禅宗の僧侶は曲彔《きょくろく》というイスに坐していた。これはいまでも使われているから、お葬式のときなど

Ⅱ－1　各種の坐法
（角川書店『日本絵巻物全集』第13巻「法然上人絵伝」より）

に見ることができる。

このように、長年にわたるイス伝来の事実があるにもかかわらず、日本の一般習俗は頑固にイスを拒否してきた。これはいったい、どうしたわけなのだろうか。

日本では畳があるから坐るのだ、というような説も行われている。たしかに、現在の時点ではそういうこともいえるだろう。だが、日本の住宅が畳敷になったのは、貴族住宅でも一五世紀からだし、農家では今でも板敷の上に、ゴザのような薄い敷物を使っているところが多い。昔の畳は今日の座蒲団のような役をしたもので、坐るところにだけ敷いた。要するに、イスのクッションと同じである。

もちろん、「すわる」といっても、正坐していたわけではない。いわゆる正坐は一五・六世紀以後のことで、それ以前は男はアグラ、女は立膝である。このことは昔の絵巻物を見れば、すぐわかる。だから、正坐するから畳があるのだというのも、もちろん間違いである。

ここで採り上げようとしているのは、正坐かアグラかということではなく、お尻をつけている面が、歩く面そのものか、それより少し高く作られた、イス・寝台上なのかという問題である。だから、坐るという言葉で、正坐・アグラ・立膝などを含むものとしよう。

なぜイス式にならなかったのか、という問を引っくり返していえば、他の国では、なぜイス式になったのか、ということになる。どこの国でも、ずっと昔は、もちろんイスや寝台などはない。地べたに、じかにお尻をくっつけていたはずである。

だから、外国ではなぜイス式になったのかという理由を考えて、その条件が日本の場合、どのようにして充足されたか、あるいはその原因がなぜ存在しなかったのか、という問に代えた方がよい。

イスや寝台が使われるようになった一つの理由は、地面からくる湿気を防ぐためだったろう。この点はだれでも考えることで、ごく自然のことと思われる。しかし、こうした自然環境だけで、人間の生活は変わるものではない。さらに、社会的な環境を考えなければならない。

幕末の開港当時、外国人と応対する幕府の役人は、畳を何枚も敷いて、イスの高さにし、その上に坐って外交交渉をした。向うがイスに腰掛けているのだから、こちらが畳に坐わっていると、見下されてしまう。対等の地位を示すためには、目の高さが同じでなければならない。

目上・目下という言葉がそれを端的に示すように、このことは社会生活の上で、一番大切であり、世界中どこの国にも通用することである。エジプトやギリシアの絵などを見ると、貴族はイスに坐り、寝台に寝ているが、奴隷は地面にひざまずいている。奴隷や庶民はお金がなくてイスも作れなかったのであろうが、貴族がその身分を示すためには、やはりこのような目の高さの問題があった。

この二つの条件はもちろん日本にもあった。その第一の条件はユカを高く張ることによって解決された。これは昔の人も十分意識していたことで、『禁掖秘抄《きんえきひしょう》』という内裏のことを書いた本に、清涼殿の夜御殿について、

板敷ノ下、湿気ヲ去ランタメ、三尺バカリ、深ク掘リタル由、古老伝ニアル由、長暦御記ニ見エタリ

と記されている。『長暦御記』という本は後朱雀天皇の日記で、一一世紀前半のものであり、一四〇二年（応永九）、伏見宮火災のとき焼失したと推定されている記録である。これによって、地面から離れるほど、土地の湿気を去ることができると考えられていたことがわかる。

これで自然的条件の方は解決された。では次の目の高さの方はどうだろうか。これもも

ちろんユカのある家とない家、高い家と低い家ということで解決する。殿上人《てんじょうびと》と地下人《じげにん》といった、ユカ上に上れる人、上れない人といった身分の差も、これで規定できる。

つまり、両方の条件とも、ユカを張ることで解決していた。だから、坐るからユカや畳があるのではなく、高いユカがあったから坐る習慣が今日まで残ったのである。

では、なぜ日本だけイス式にならないで、ユカを張るという特殊な形式でこの問題を解決したのかと読者は反問されるだろう。

ユカのある家、古代なら高床《たかゆか》住居がそれに当たる。それが日本の歴史に現われたのは、弥生時代からである。一番古い資料としては、奈良県の弥生式遺跡である唐古《からこ》から出た土器に描かれた、高床の家があり、続いて銅鐸・鏡・埴輪家などにその例がある。

ということは、日本に貴族が発生した古墳時代以前に、高床の家があったということである。それがどこから、どのような経路で日本列島の地に入って来たか明らかでない。しかし、縄文時代になく、弥生時代になって始まるということになれば、大局的にみて、それが稲の栽培とともに日本に伝わったとしなければなるまい。

稲の原産地が東南アジアあるいはインドといわれ、高床家屋が南方系のものである点から考えても、これは妥当な推測だと思われる。南方諸国の樹上住居や杭上住居は、猛獣・毒蛇などの害から身を守るためでもあったろうが、おそらくはモンスーン地帯の気候的条件から、つねに水に襲われる心配があったから発生したものであろう。

このような高床住居が中シナ・南シナあるいは南朝鮮に行なわれていたかどうか、あまり明らかでない。しかし、ユカの高い倉は現在でも沖縄・奄美《あまみ》大島・八丈島など、南島系の文化を伝える地方に存在し、南シナの広州から出土した漢代の家形の明器《めいき》にはユカの高いものがある。これらの資料は今後の研究によって、次第に増加すると思われる。

したがって、現在ではまだその伝来の経路を詳かにすることができなくて、残念であるが、建築形式はもちろん人とともに伝わったものであり、稲の伝来という事実をも併せ考えるとき、巨視的な見地からして、これを南方系とせざるをえないであろう。

稲と共に高床が伝来したとすると、それは西暦紀元前二―三世紀ころのことと思われるが、もちろんまだ階級社会にまで日本の地は発展していない。しかし、南方から渡って来た人々は、故郷の住居形式をそのまま用いて住んでいたであろう。そして貴族の発生に伴い、高床が前述の二条件を充すものとして、その家に用いられたのであろう。それは竪穴《たてあな》よりも、経済的にも上位の建物であり、貴族の身分を表わすものとして、適当な形であったと考えられる。

ユカの高さは現在の神社本殿でみると、二m内外のものが多いが、銅鐸や鏡などに描かれた家屋の比例でみると、古い時代ほどユカが高かったように思われる。これが同じくユカを設けたといっても、転ばし根太《ねだ》の上にすぐ板を張ったようなごく低いユカだったら、やはりイス式に発展しただろう。日本に伝わって来たユカのある建築が、非常にユカの高い、高床式であったということが、このような結果をもたらしたのだろうと思う。

これに対して、一般民衆の家はどうだったろう。現在、考古学的な発掘によって、北は北海道から、南は九州まで、竪穴住居があったことが確かめられている。そして、その年代は縄文時代から、弥生・古墳時代にまで及び、さらに遅くは国分寺の瓦を使った八世紀ころのもの、伴出土器から平安時代と認められるもの、銅銭などから室町時代のものと認められる竪穴住居もある。辺境地帯では江戸時代にも土間住いの家が多かったことと併せ考えると、竪穴住居から平地住居へ、そして、今日の農家へと、その系統は一貫している。農家が竪穴住居の系譜に属すことは、今日誰も疑う人はない。

日本の住宅は、このように庶民住宅としての竪穴住居と、貴族住宅としての高床住居との二系統からなり、その相互の交渉を示しつつ、現代に至っている。

神社と寺院

建築について、まったくの素人でも、「これはお宮さんらしい」とか、「これはお寺らしい」とかいう。それほど、同じ宗教建築であっても、神社と寺院とは違っている。

もちろん、近世の神社建築ではほとんど寺院建築と変らないものもあるし、なかにはお寺なのに、神社本殿のような形をしたものも、ないではない。しかし、時代が遡るほど、この違いは、はっきりしてくる。

日本では幸いに、仏教が伝来しても、仏教が全宗教界を支配してしまうのではなく、神社は神社として、古くからの伝統を保って今日に至った。しかも、毎年、祭のとき新しく、そのときだけ造る仮設の神殿が神社建築の起原であったがために、神殿はつねに新しいものがよしとされ、何年目かに建てかえる式年造替の制が広く行われ、そのため、かえって古い形式が今に残ることになった。

今日では、式年造替といえば、伊勢神宮だけかと思っている人が多いが、大社では、今でも修理をもって造替に代え、式年造替の遺制を残しているところが多い。一〇三〇年（長元三）ころの『上野国交替実録帳』で見ると、上野《こうずけ》では、貫前《ぬきさき》神社が三〇年に一度の造替、赤城《あかぎ》神社が七年に一度の大修造となっており、中央の大社ばかりでなく、地方でもこの習慣はかなり広く行われていたことがわかる。

まだ前の建物があるときに建てかえるのだし、一〇年や二〇年では人々の造形的な好みにもそう変化がないから、式年造替に当たっては、旧形を守ることになり、それがひいては、後々まで創立ころの形を伝えることになったのであろう。神社において、伝えるべきは形の精神であって、物それ自体ではなかった。

これに対して寺院の方は、その建物自身が尊ばれる。平安時代、九二五年（延長三）に法隆寺講堂が焼けた後、これを再建するに当たり、もしこれが再び火災に罹ることがあって、幸いに災を免れた太子建立の金堂・五重塔に延焼することがあっては大変だと、後ろに下げて造ったと鎌倉時代の学僧顕真得業《けんしんとくぎょう》が『古今目録抄』に記している。後ろに下げたというのは、実は間違いだったのだが、講堂前面が広く空いている理由を、ここに求めたことは、昔の人々がこの理由を「もっともなことだ」と考えるような下地があったからである。造られた物自体が、太子の遺物として、尊ばれ、保存されて来たのであった。

数百年たってから、不時の災害のために再建されるのだから、どうしてもそこに再建する時代の好尚が入ってしまう。こうして、古いままで残そうとした仏教建築の方に、かえって古い形が残らなくなってしまった。

神社と寺院とでは、建築の構造がまるっきり違う。神社建築も七—八世紀以後、仏教建築の大きな影響を受けたから、現在の神社建築がすべての点で仏教建築と違うとはいえないが、どこかに違う点を残している。

第一の違いは板敷ユカの有無である。神社はかならずユカを設け、周囲に縁を張る。これに対して、七—八世紀の寺院は基壇上に立ち、ユカは土間である。今では掘立柱の神殿は伊勢神宮にしか残っていないが、礎石を使うのが一般的になっていた八世紀でも、平城宮の内裏正殿以下、諸官庁の建物がすべて掘立柱であったことからみると、昔はみんな掘立柱であったろう。

壁は板壁で、土壁とせず、柱上には組物を置かないのが原則だった。現在の神殿はむしろ組物を用いたものの方がずっと多いが、それでも舟肘木《ふなひじき》か平三斗《ひらみつと》で、ごく簡単なものに止めているのは、もと組物を用いなかったからにほかならない。

垂木《たるき》は直線で反りがなく、地垂木だけで二軒《ふたのき》にしない。屋根の垂み、軒の反りはなく、屋根葺材はカヤ・コケラ・ヒワダなど、植物性のもので、瓦は用いない。これは今でもほとんど全部の神殿がそうであり、『延喜式』には「瓦葺」を寺の忌詞《いみことば》としているから、昔からの伝統であることがわかる。屋根の形が切妻であることも、神社の大きな特色の一つである。

彩色はないのが原則と思われるけれども、住吉造にしても、春日造・八幡造にしても、彩色が施されているから、かなり古くから、おそらくは八世紀以来、彩色を施したものもあったのだろう。

以上のように、神社と寺院とでは、建物の形が大変違う。そして、それが長く後までもその相違を伝えていることから見て、神社本殿形式の成立が、六―七世紀の仏教建築伝来以前にあったことは、疑う余地がない。

神社本殿のもっとも古い形である伊勢神宮正殿の形式は、伊勢神宮の創立が、『日本書紀』の記載そのまま垂仁朝まで遡ることができなくなり、現在のような状態になったのは六世紀あるいは七世紀ころと考えられるようになった今日、現在の形そのままを、四―五世紀まで遡らせることはできない。しかし、あれまでの洗練さは六―七世紀の所産であるにしても、その祖形は古くからのものであったと見なければなるまい。

奈良時代の言葉に、真屋《まや》と東屋《あずまや》というのがある。いずれも屋根の形を表わす語で、マヤは切妻造、アズマヤは寄棟《よせむね》あるいは入母《いりも》屋《や》造のことである。

マヤのマは二つのという意味で、「両下」と書かれることもあるように、屋根が二つの面からなっているために、切妻造をマヤというようになったのだという説もあるが、私は喜田貞吉の、「マ」は「真心」「真直」「真白」などの、「まことの」という意味だとする説に賛成したい。

喜田はアズマヤについては、「東国の」というのは、むしろ二次的な用法であって、『伊呂波字類抄』に「辺鄙 アツマツ アツマウト 東人 同 俗用」とあるのを引いて、辺鄙の義だとしている。これによれば、マヤは都の家であり、アズマヤは田舎の家である。そして、マヤの方が上等のものだという、価値評価をも含んでいることは、いうまでもない。

ところが、この言葉が使われていた奈良時代の建築の形はどうだったかというと、寺では寄棟造あるいは入母屋造が主要な建物の屋根の形であって、切妻造はそれほど重要でない建物に使われている。

たとえば、法隆寺の古代の建築で見ると、金堂《こんどう》・講堂・中門《ちゅうもん》は入母屋造で、鐘楼・経楼・食堂《じきどう》・東大門は切妻造である。これは宮殿建築でも同様だったろう。『唐令』に「宮殿みな四阿」とあることから察せられる。アズマヤは、四阿・阿舎・東屋などと書き、普通は寄棟造とされているが、入母屋造も当然含まれるものであろう。後の江戸時代のもの

Ⅱ－2　伊勢神宮航空写真

ではあるが、『紙上唇気』という建築書に、「吾妻屋《あずまや》、四阿造《いりもやづくり》、又云入母屋造」とあるのも、一証となろう。

このように、アズマヤの方が立派な建築に用いられているのに、言葉の方では切妻造を指すマヤが上等のものであるのは、どうしてかといえば、大陸建築様式の伝来以前においては、マヤの方が立派な建物に用いられており、建築界の状況が変わっても、言葉だけは前代のものがそのまま残ったからであろう。

宮殿も神社も、ともにミヤであった。庶民住宅が竪穴の上に、寄棟造の屋根をかけた「伏せ庵《いお》」であったのに対し、貴族住宅は切妻造の高床家屋であった。自然、都やその近くでは切妻の家が多く、地方では寄棟が一般であった。

平安時代の住宅では「三間四面の寝殿」などという語が多く使われている。これは「母《も》屋《や》の桁行《けたゆき》の柱間が三つで、四面に庇《ひさし》のある寝殿」という意味である。平安時代の文書を見ると、「三間一面」「三間二面」「三間三面」「三間四面」といったように、時代とともに庇が四周について行く過程がよくわかる。母屋はオモヤの意かもしれないが、おそらくマヤが転じたものであろう。切妻造のマヤの周囲に次第にヒサシがついていって、入母屋造の寝殿にまで発展したのである。

寝殿造では寝殿は入母屋造であるが、東西の対屋は切妻造である。このことは、前述の平面記法とともに、貴族住宅が切妻造（マヤ）から発達したことを証するものであろう。

切妻造であれば、垂木は当然平行の配置となる。ところが、シナ建築では古くから放射状の垂木が使われており、日本にも七世紀ころ伝来していたことが四天王寺の発掘で確められている。にもかかわらず、日本では、扇垂木《おおぎだるき》は鎌倉時代に宋建築が伝えられてから以後でないと、一般的には使われない。

法隆寺では直線の角垂木で、一重である。構造的にみれば、寄棟造や入母屋造では隅の垂木を放射状にした方が合理的であるにもかかわらず、シナ建築のこの手法だけは真似しないで、平行垂木を用いたのは、マヤにおける直線の平行垂木の感じが、人々の頭のうちに深く浸透しており、これを変えることを許さなかったのであろう。

このような点からみると、形や構造の上で、シナ建築を一生懸命模倣しながらも、そこに日本的造型感覚が、受け容れたものと、受け容れなかったものとの二種類があったことがわかるし、これはまた建築全体の表現においても、日本のものと、シナのものとの間に、同じ八世紀のものでもかなりな違いがあったものと、考えざるをえない。

自然と建築

何事のおはしますかは知らねども
かたじけなさに涙こぼるる

と歌った西行は、伊勢神宮の、何に感激したのだろうか。この歌は、古来西行の作かどうか疑わしいものの一つとされているが、一般に広く知られているのは、日本人の気持に合致するところがあったからであろう。ブルーノ・タウトが「伊勢神宮こそ、全世界でもっとも偉大な独創的建築である」といって、パルテノンに匹敵するとした神宮の建築の美しさに、西行はうたれたのであろうか。おそらく、そうではあるまい。鬱蒼《うっそう》たる杉木立、そのうちに静かに立つ素木《しらき》の神殿、そういった環境と建築との調和に心うたれたのであろう。

同じ宗教建築で、しかも同じ日本に、神宮の建築と同じころ造られた法隆寺ではどうだろうか。現在では中門・回廊のなかに、数本の松が植わってはいるが、本来は何もない一面の白砂で、境内も同様であったのだろう。この点では、伊勢でも瑞垣《みずがき》の内は一面の砂利で、木は植えてないから、同様であるが、周囲の杉木立は建築を包んでしまうかのように、圧倒的なボリュームを持ち、神殿はそのなかに、ひっそりと静まりかえっている。

法隆寺の寺域はそう広くはない。金堂・塔の回廊内の一郭の面積は神宮の垣の内の面積とそう違わない。しかし、神宮が周囲の木々に包まれてしまっているのに対し、法隆寺の寺地には小松がある程度で、金堂・塔ははるか寺外からもその姿を望むことができる。

このような環境の差は、平城京内の寺院になれば、もっと大きくなる。寺の場合、人間が造り上げた、自然に対抗する、あるいは自然を征服したものとしての建築という意味が圧倒的に強い。高さ五〇mの大仏殿と、高さ一〇〇mの七重塔二つをもつ東大寺ともなれば、自然のなかの建築などというものでないこともちろんである。

都それ自体、自然発生的な村落ではない。中央に通る幅八五m、長さ四kmのまっすぐな朱雀大路《すざくおおじ》、その正面に聳える朱雀門、そのうちにある大極殿《だいごくでん》を正殿とする朝堂院の瓦屋根、それは朝廷の権威を造型的に表現したものであった。右京の西大寺《さいだいじ》・薬師寺・左京の法華《ほっけ》寺《じ》・大安寺、外京の興福寺・元興寺《がんごうじ》、さらに東に続く東大寺など、今日でも大仏殿や興福寺の塔・南円堂を奈良平野から望むことができるが、今よりも貧弱な建物しかなかった平城京の営まれた八世紀にあっては、宮城とこれら大寺院の建築群の壮麗さは、奈良盆地北部を圧して、はるか南方からも望みえたであろう。それは一面の田園風景のなかに、忽然と現出した龍宮城のようなものであったろう。

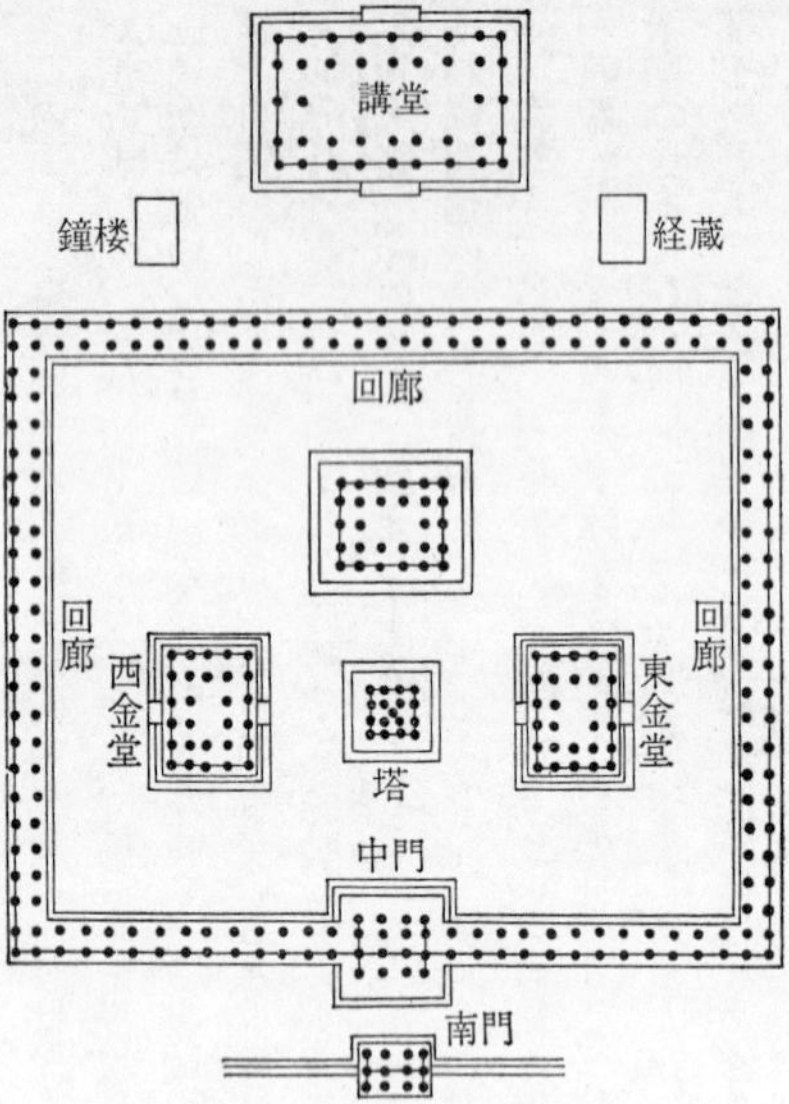

II－3　飛鳥寺復原図

神社も、普通の場合、遠くからあれがどこそこの神社と、その所在を指し示すことができる。だがそれは、建物の存在を直接認めてのことではない。その森がそうだと示すことができるに止まる。わずかに森の前にある鳥居が、神社所在地のしるしとして、われわれの目にとまるにすぎない。

社はまたモリとも読まれる。ごく古い時代において、山や木や岩が神として直接拝まれ、また山や木や岩が、神の憑代《よりしろ》として、尊ばれた。恒久的な神殿が営まれるようになっても、その場所はこのような自然のうちにある神の降臨するところを、神聖な場所として、その標示として社殿を建てたにすぎない。神社はその始原から、自然と密接な関係を持つ、というより、自然そのものであった。

『日本書紀』の伝えるところによれば、百済の聖明王が金銅釈迦像を献じたとき、欽明天皇は「西の蕃《くに》の献れる仏の相貌《かお》、端厳《きらぎら》し。もはら、いまだかつて看ず。礼すべきや、いなや」と群臣に問われている。キラギラシとは額田女王を指して、「姿色端麗《みかおきらぎらし》」といっているから、立派で大変美しいというほどの意であろう。

仏教へ入信への道が、仏像彫刻という、形あるものの、形の美しさにひかれて行われたことが考えられる。仏像も、それをまつる堂も、立派で、美しく、人を惹きつけるものでなければならなかった。塔の九輪は金色に輝いて、四隣を圧し、遠くから見えるものでなければならなかった。「造塔の寺はまた国華たり」というのであるから、寺は帝都を飾り、国威を発揚するにたる立派なものでなければならなかった。

神社は平城京でも、平安京でも京内に新たに造営されることはなかった。新しい京に、寺々が飛鳥《あすか》の地から移ってきても、神社はつねにその故地を保った。神社が国の祭る神である以上、シナの天壇のように、帝都のうち、あるいは近くに、壮麗な社殿として営まれ

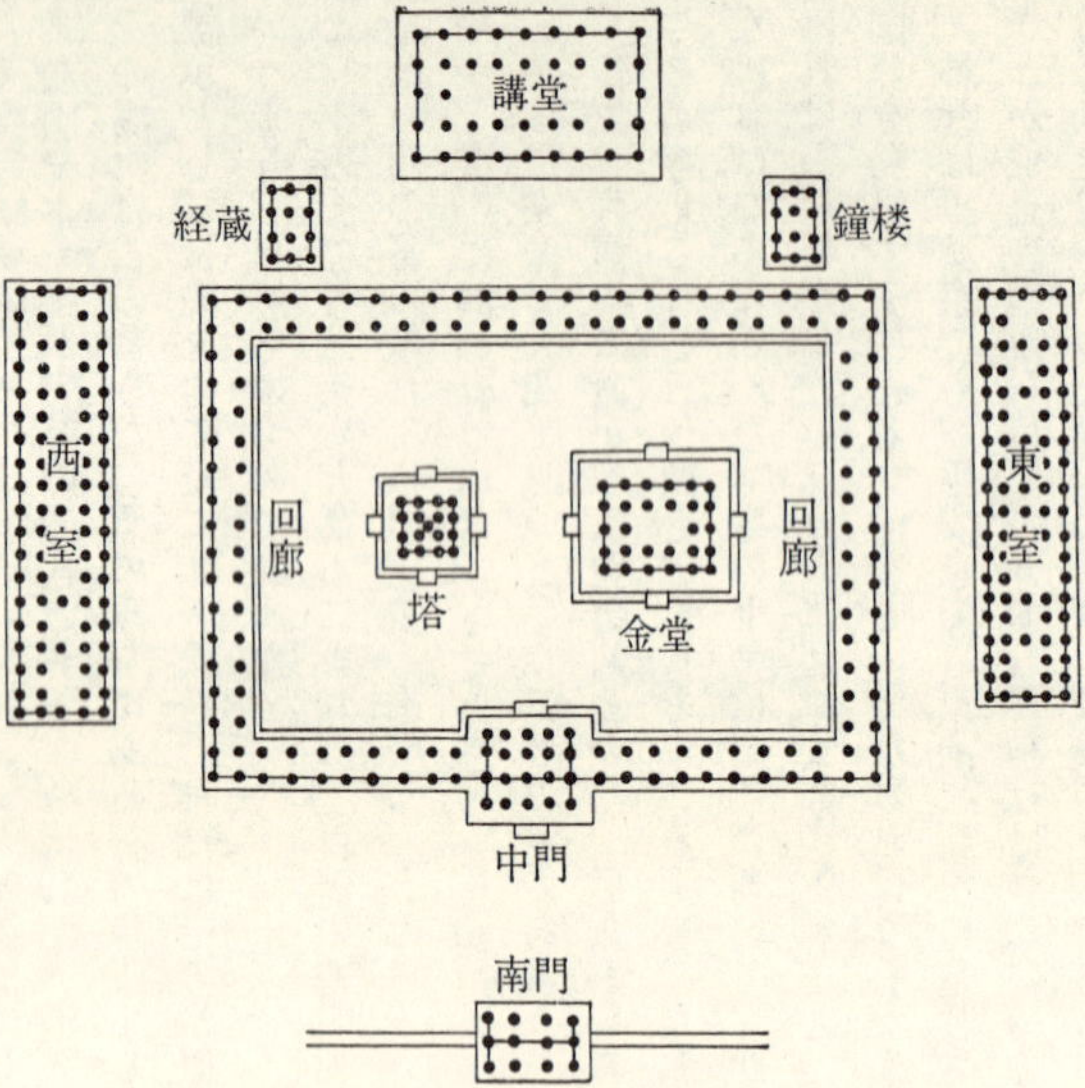

II-4　法隆寺復原図

ねばならなかったはずである。それが建てられなかったのは、神社が自然と離れてはありえなかったからであろう。

神社も寺院も、同じ木造建築であるけれども、材料の扱い方は全く違う。

切石積の基壇、その上にすえられる造り出しのある礎石、これらはともに自然にできた岩石ではある。しかし、表面仕上げを施された石の面は、普通に見られる石の肌ではない。そこから受ける感じは、やはり「造られたもの」であった。

構造の主体となる木材の表面には、すべて彩色が施される。そこには自然のままの木の肌はない。壁は土であるから、もちろん自然のままの材料である。しかし、その表面には白土の上塗が施され、地面の土とは全然別のものになる。屋根の瓦は焼かれたものであるから、これが自然のままの材料でないことは、いうまでもない。

これに対して、神社や住宅はどうだろう。木材はもちろん、木を伐り倒し、割ったり、削ったりしたものだから、自然のままの皮付の丸太とは違う。加工が施されているという点では、基壇の石材と変わらない。けれども、割った木の肌は、昔の人々にとって、常に見られるものであった。木を伐り、あるいは木の皮をむいたりして、日常生活のなかで、始終見なれた姿であった。この点、石工でなければ、常に見ることのできない仕上げられた石の肌と、日常いつも接している木の肌とでは、人々の親近感はまるで違う。

屋根葺材のカヤ・ヒワダなどになれば、これこそ自然のままの姿である。柱・壁・床・

天井・屋根と、どこもいつも見なれた自然のままの材料である。人間の造った材料として、わずかに目に入るのは、釘や金具などに過ぎない。

このような自然的材料との親近感、それは日本の建築の伝統として、今日まで続いている。後に茶室建築があのような目覚しい発展をし、それが住宅建築の主流にまで影響を及ぼしたのも、こうした素地が存したからである。

自然は左右非相称である。山も河も、木も森も、左右対称形のものはない。人間や動物の顔かたちは左右対称であるけれども、自然のなかに動物を見たとき、正面からこれを描くことはない。

建築が自然のうちに含まれ、自然の一点景として考えられるとき、それは左右対称形を必要としない。しかし、建築を人間が造ったもの、自然に対するものと考えたとき、自然を超えた厳正な相称形の配置が必要となる。日本の建築が左右対称形を重んじないというよりは、むしろ避けようとしたことは、このような自然との関連のなかから生まれ出たものであろう。

五八八年（崇峻元）に着手され、五九六年（推古四）に完成した飛鳥寺《あすかでら》（法興寺）は完全に左右対称形の配置を持っていたが、それから半世紀後に創立されたすぐ隣の川原寺《かわら》（弘福寺）は対称形を破っている。七世紀初頭に創立されたときには左右対称形だった法隆寺も、七世紀後半に再建されたときには、塔と金堂を左右に配する形に変わっている。

新しく渡来した寺院建築の主要な約束ごとが、わずか半世紀で破られるということは、まことに驚くべきことである。そこにすでに日本の地に根をおろし、確固たる地盤を形成していた、日本建築様式の存在を想定しなければならない。

人間の造ったもの、それには自然界とは違った、別の統一ある秩序が必要である。造形の核となるべき中心が必要である。飛鳥寺の場合、釈迦の墓標である塔が中心となり、金堂はその三方から、塔を包むように立っている。

再建された法隆寺の場合はそうではない。同じく塔と金堂とを囲んで、回廊がめぐるけれども、伽藍を遠望すれば、山なみの起伏するがごとく、高い塔と、どっしりした金堂とが、中の左右に並んでいる。それはさらに、左右への拡りさえ予想させる。

三面僧坊にしても同様である。元来の形式は三面僧坊の名が示すように、教場である講堂をとり囲み、東室《ひがしむろ》・西室の正面は内方、すなわち講堂に向かって開いていた。

法隆寺でも、当初はそうだった。東室は西に向いて立っていた。しかし、平安時代に、東室の南半は聖徳太子をまつる聖霊院《しょうりょういん》となり、南が正面となった。西室も同様に三経院として、南正面となる。中心はなくなり、中門・回廊の一郭の外にあって、南正面の建物が羅列した形となる。

遅れて、平安内裏と寝殿造の場合も同様である。内裏では紫宸殿とその前庭を中心とし、これに面して、左右の建物が建てられる。しかし、寝殿造では寝殿も左右の東西の対も、南正面である。

中心に向かう、集約的な空間構成と、左右に拡がってゆく羅列的な空間構成、この差は私には人間の造ったものとしての意識の大小、自然との連なりの多い少ないが、その基にあるように思われる。

三　平安京

平城京と平安京

七八四年（延暦三）、平城《へいじょう》から長岡《ながおか》に京を遷された桓武《かんむ》天皇は、長岡宮の造営がまだ完成しない七九三年、さらに都を長岡の東北、葛野《かどの》の地に定め、翌年遷都された。

このあわただしい遷都の理由は、いろいろ論じられているが、いずれにしても、新しい都づくりにより、天皇の権威を高め、律令制にてこ入れすることにより、古代国家の再編成を企図されたのであろう。

平安京《へいあんきょう》は南北五・三km、東西四・五kmの矩形の地を画し、北の正面に宮城を設け、中央南北に朱雀大路《すざくおおじ》を通して左右両京に分かち、南北九条、東西各四坊の町割を行なった。これは平城京と同じく唐の長安城《ちょうあんじょう》にならったことはいうまでもなく、「帝都は壮麗にあらずんば、何をもってか徳を表わさん」という奈良時代以来の思想の継承であることは疑いないが、しかしまた、平城京とはかなり違った面もあった。

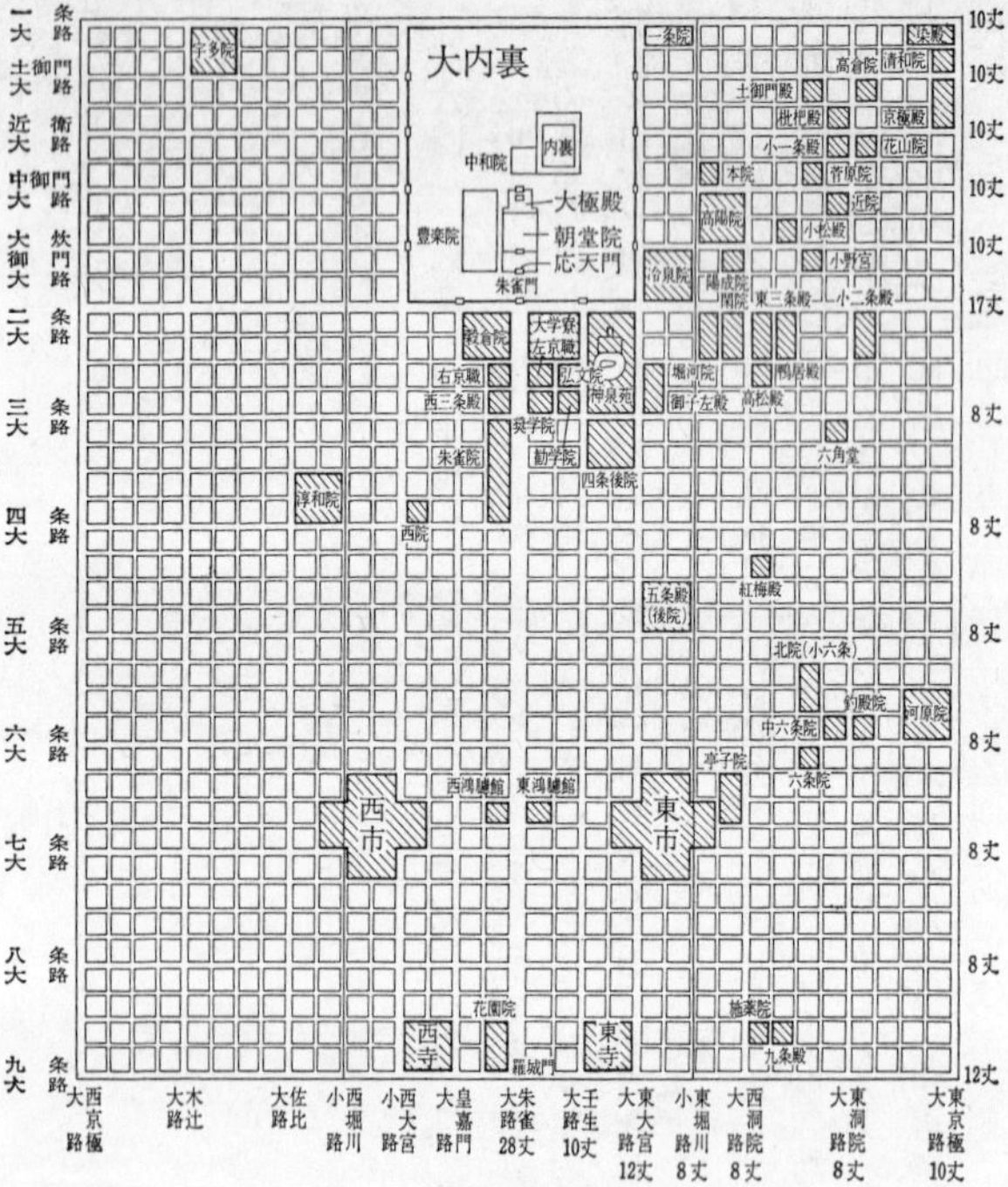
一条大路
土御門大路
近衛大路
中御門大路
大炊御門大路
二条大路
三条大路
四条大路
五条大路
六条大路
七条大路
八条大路
九条大路
10丈
10丈
10丈
10丈
10丈
17丈
8丈
8丈
8丈
8丈
8丈
8丈
12丈
西京極大路
木辻大路
佐比大路
西堀川小路
西大宮小路
皇嘉門大路
朱雀大路 28丈
壬生大路 10丈
東大宮大路 12丈
東堀川小路 8丈
西洞院大路 8丈
東洞院大路 8丈
東京極大路 10丈
宇多院
大内裏
内裏
中和院
大極殿
朝堂院
応天門
豊楽院
朱雀門
一条院
染殿
高倉院
清和院
土御門殿
枇杷殿
京極殿
小一条殿
花山院
本院
菅原院
近院
高陽院
小松殿
小野宮
冷泉院
陽成院
閑院
東三条殿
小二条殿
穀倉院
大学寮
左京職
右京職
弘文院
西三条殿
神泉苑
堀河院
鴨居殿
御子左殿
高松殿
奨学院
朱雀院
勧学院
四条後院
六角堂
淳和院
西院
五条殿(後院)
紅梅殿
北院(小六条)
釣殿院
河原院
中六条院
亭子院
六条院
西鴻臚館
東鴻臚館
西市
東市
花園院
施薬院
西寺
東寺
羅城門
九条殿

Ⅲ-1　平安京条坊図

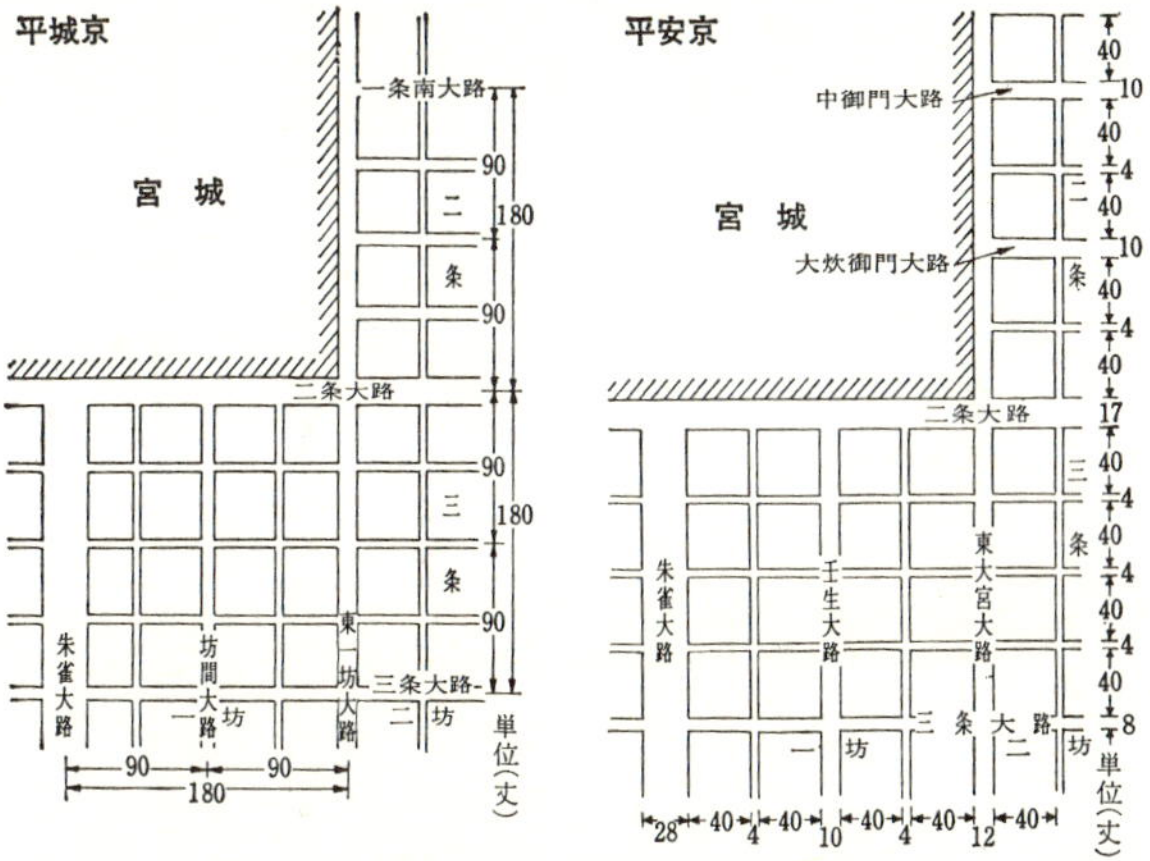

Ⅲ-2　平城京・平安京地割比較図

その第一は寺院の取扱い方である。長安京にしても、平城京にしても、京内に多くの寺院があった。平城では飛鳥《あすか》の地から京内に寺院を移し、新たに諸大寺を創立した。これは「造塔の寺はまた国華たり」という考えの現われであり、堂塔《どうとう》伽藍《がらん》によって、咲く花の匂うがごとき盛観を現出させようとしたのであった。

宮城から指呼の間に薬師《やくし》・西大《さいだい》・招《しょう》提《だい》・法華《ほっけ》・大安《だいあん》の諸寺があり、東の方には興福《こうふく》・元興《がんごう》の二寺をおき、さらにその東には三国一を誇る大伽藍東大寺が造立された。いまでも平城宮跡に立って東を望めば、興福寺の南円堂・五重塔の屋根がみえ、東大寺大仏殿が四方を圧するごとき荘重さをもってそびえている。現在よりずっと建物が低かった奈良時代に、これらの諸寺の形づくる都市景観は、すばらしいものがあったに相違ない。

しかし、平安京では、京内には東西二寺のほか、寺院は全く造られない。鳥羽《とば》のつくり道を北上する人は、正面に二階造の羅城門《らしょうもん》を望むが、そこに達すると、はるか四kmの北方まで、幅八五mの広い朱雀大路があり、その突当りには朱雀門が、その奥には「雲太（出雲大社）、和二（大仏殿）、京三（大極殿）」と東大寺大仏殿と並び称された大極殿《だいごくでん》の甍《いらか》がそびえている。

ここから見ると、京内には全く堂塔はなく、宮城が都の造形的中心として、他に比肩するもののない立派さを示している。京の南端、九条に造られた東西二寺は、京に向かう人にとって、羅城門左右の飾りとしか見えなかったであろう。東寺は空海によって、その後栄えたが、西寺の方は早くから衰退していった。これはその存在が都市造形のためにだけあって、それ以上存在の必然性を持たなかったことを示している。おそらく東寺の方も空海との関係が生じなかったら、西寺と同じ運命をたどったであろう。

この計画は桓武天皇と、道鏡の専横に苦労した和気清麻呂《わけのきよまろ》の樹《た》てたものであったろう。それは寺院を排除することによって、天皇の権威を確立しようとする意図の造形的表現であった。

平城京との第二の違いはその条坊の地割にある。平城京は一八〇〇尺（約五五〇m）の基準方眼をつくり、これを道路の中心線とし、これを基にして都市計画を行なっている。

したがって、広い路ができれば、これに隣接する坊は狭くなる。ところが、平安京では『延喜式《えんぎしき》』の記載を信ずれば、各坊の広さは一定で、その外に大路をとっている。

これは平城京がきちんとした完数で全体を抑え、内部はこれに従って計画しているのに対し、平安京の場合は、細小の単位である坊をみな同じ大きさにつくり、これに必要なだけの道路幅を加えるといった形である。平安京の場合は個々の坊の集積という形で都城が計画されている。これは全体から部分へという考えと、部分から全体をという考え方の差である。

この両者の実際の大きさの差は、わずかであるが、ちょうど、柱と柱の心々距離を七尺あるいは六尺五寸と定めて、方眼を描き、部屋割をした中世末——近世初期の書院造と、畳の大きさを先に定め、畳割によって柱位置を定めた江戸時代の書院造との差と同じで、平面計画に対する考え方として、根本的な相違をもっている。

シナ建築の特色は外部空間に対して閉鎖的で独立的であり、形としては中庭をもった囲《い》繞的《じょうてき》であるが、日本の建築は開放的で、その配置は羅列的である。あるいは彫塑的と絵画的、立体的と平面的といってもいいだろう。

シナの都城は高大な城壁によって囲まれる。それは広大な平野のうちに忽然と現われた一つのモニュメントであった。城の内外は厳重に区画され、都市は単なる人間の集りではなく、城壁はその内の人々の生死を分けるものであった。

しかし日本ではその必要性はなかった。日本の建築は自然と対立するものではなく、自然のうちに融けこむものであった。京の周囲を画す羅城も羅城門左右に造られただけで、東西北の三方には設けられた形跡がない。しかもその高さはわずか四mたらずのもので、宮城の垣より低かった。それは羅城門とともに、ここからが都城であるという標識にすぎず、都の正面を飾るためのもので、長安のものとは計画の原理を異にするものであった。羅城門とその左右の羅城の向うに見える東西両寺は、あたかも法隆寺の金堂・塔を南大門から望むように、一幅の絵として計画されたのであろう。

京内は大路によっていくつかの坊に分けられる。長安では坊には坊垣《ぼうえん》がつくられ、坊門が開かれ、坊は京内でさらに閉鎖された一区画であった。各戸もまた建物で囲まれた中庭をもつ閉鎖的な空間を作っていた。城門から坊門、そして個々の住宅へと入るにしたがい、次第に内部感を高める構成であった。

平安京でも朱雀大路に面して坊垣がつくられ、坊門が開かれたが、こうした坊垣は朱雀大路に面するところだけで、坊の四周に設けられたとは思えない。坊垣や坊門が朱雀大路に面して作られたのは、坊を守るためではなく、朱雀大路の飾りとして作られたもので、やはりシナの都城の形式的模倣に過ぎなかったのだろう。

朱雀大路は幅八五mという広いものである。それは道路としての必要幅を遥かに越えている。長安においては朱雀大路の広さは一五〇mであるから、これは道路というべきものではなく、むしろ城内の広場であった。

平城京でも、平安京でも長安のものには及ばないが、広い朱雀大路をとったのは、長安の形式的模倣であった。そうしなければ、唐から来た人々に、貧弱に見えてはいけないといった顧慮からであったろう。

もちろん、日本の場合でも、ここは一種の広場として用いられた。大嘗祭《だいじょうさい》のときの標山《しめやま》は宮城の北野から発し、東西大宮大路を南下して七条大路を通り、朱雀大路に並び、これを北上して朱雀門を入る。京の内外の貴賤、老若男女は、朱雀大路の両側でこの行列を見る。それは一種の広場的用途であり、儀礼的空間ということができよう。

羅城門にしても、羅城にしても、またこの広い朱雀大路にしても、単に機能的面だけからいえば、それは不要なものであった。しかし、こうした無駄を必要としたところに古代的性格を見ることができる。

平城と違う点は寺院の扱いや、都城の平面計画だけではなかった。桓武天皇は羅城門の工事を見て、高さを一尺減ぜよと命令されたが、平城宮の羅城門と同じにつくり、この命令に従わなかった工匠は、「たかやかにてさぶらふこそ、きらきらしくさぶらへ」といっている（『世継物語』）。天皇の低くしようという理由は風を顧慮してと記されているが、一尺低くしても、それほど耐風的にはならないから、やはり、高くそびえたった高さよりも、低い穏やかな表現を好んだためと解してよかろう。

巨大性は古代前期の造形の大きな特色であったが、「東大寺も仏ばかりこそは大きにおはしますめれど、なおこの無量寿院《むりやうじゆいん》にはならび給はず」という『大鏡』の法成寺《ほうじようじ》に対する讃辞とともに、平安時代の好尚を物語る好例であろう。

またこれを文字通り、一尺でも低いほうが風に強いと考えたのだとすれば、朱雀大路の無駄を許す反面、合理的なものへの追求が行なわれていることとなる。この矛盾が平安京を崩壊させた一番大きな原因であった。

このように平安京は全体計画についても、部分計画についても、機能的必然性だけに基づいて作られたものではなく、建設の当初から矛盾と新たな発展性とを内蔵していた。それはシナ的造型から日本的造型を生む、過渡的段階であった。

早くも八六四年（貞観六）には道路が田畝に変わったというから、京域全体について、どこまで完全に計画が遂行されたかわからないが、右京の地は低湿地であったためもあって、八三五年（承和二）には西市の衰微のことが見え、早くからさびれていった。一〇世紀の初めには西京に熊や狼が出て人に危害を加え（『扶桑略記』『日本紀略』）、一〇世紀の終りころには「西京の人やようやく稀にして、ほとんど幽墟に近し、人は去るあって来るなく、屋は壊るるあって造るなし」という状態であった（『池亭記』）。また『古今著聞集』には西京の人を村人と呼んでおり、右京が都市的景観を呈さず、村落形態であったことを示している。

これに対し、左京は次第に発展し、「東京の四条以北、乾艮《いぬいうしとら》の二方は人々貴賤なく群聚する所なり。高家門を比べ、堂を連ね、小屋壁を隔て、簷《のき》を接す」（『池亭記』）という有様で、この傾向は時代が下がるにつれて進み、一一世紀の後半から一二世紀にかけては、法勝寺《ほっしょうじ》以下六勝寺《りくしょうじ》や、離宮などが鴨川《かもがわ》を越えて東の白河の地に造立されるようになった。

平安京はこのように次第に東の京外へ発展していったが、もしこれがシナの都城であれば、城内に空地があるのに、城外に発展することなど、到底考えられない。ところが日本の場合には、すでに平城京でも行なわれているように、京の内外といった考えは少しもなかった。個々の部分の集積であればあるだけ、それがどちらに延びようと、必要ならどうにでもなることであった。理想都市平安京の建設計画と、これは全く反対の考え方であった。しかし、それがまた形式より実用を重んずる日本の造形の一つの特色でもあったのである。

朱雀大路は右京の衰退と、宮城（大内裏）が使用されなくなるにつれて、無用の長物と化した。道長《みちなが》は一〇二三年（治安三）法成寺をつくるに当たり、一〇世紀末に倒れて再建されなかった羅城門や、坊門の礎石を奪い去った。もう羅城門も、朱雀大路も、平安京の偉観を示すものとして扱われなくなっていたのである。そしてついに朱雀大路は田畑と化していった。一二二二年（貞応元）朱雀大路で耕作をすることを禁じているのは、この間の事情をよく物語っている。

朝堂院と内裏

朱雀大路の突当りには宮城がある。宮城は北は一条大路、南は二条大路、東西は東と西の大宮大路で限られ、南北一〇町・東西八町、周囲に垣をめぐらし、十二門を開く。南の正門が朱雀門で、これを入れば正面に正式の儀式場である朝堂院《ちょうどういん》（八省院）があり、西に宴会場である豊楽院《ぶらくいん》が並び、朝堂院の東北に天皇の住いである内裏があり、周囲に神祇《じんぎ》官《かん》・太政官《だじょうかん》以下の八省官衙があった。

これは古図や文献に基づき、江戸時代に裏松固禅《うらまつこぜん》が苦心考証した結果である。現在でもこれ以上の研究は行なわれていないが、平城宮内の朝堂院や官衙が、わずか一世紀以内に三回も建てかえられていることから見ると、四世紀の長い期間であり、かつまた唐風から国風へという変化発展の時代であった平安時代に、宮内の建物が初期から末期まで、いつも同様であったとは考えられない。

しかし、平安宮の地はすでに市街地化し、発掘調査はとうてい望むべくもないし、平安時代前半は拠るべき文献史料に乏しいから、現在のところでは裏松固禅の研究成果に従うよりほかはない。

朝堂院は朝廷の政治を執行するところで、正面の応天門《おうてんもん》を入れば左右に朝集殿《ちょうしゅうでん》があり、さらに会昌門《かいしょうもん》によって隔てられた奥に十二堂がならび、正面一段高く龍尾壇《りゅうびだん》をつくり、左

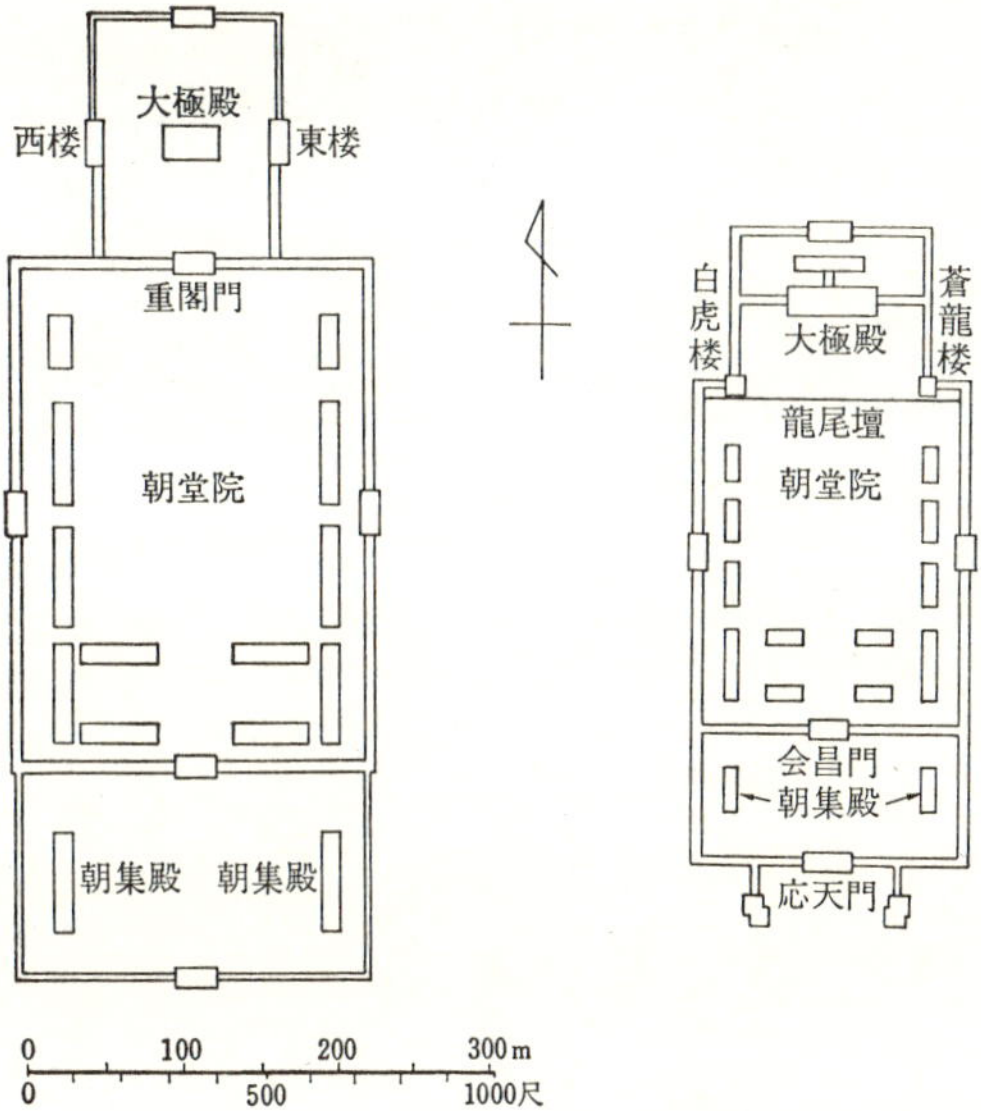

Ⅲ−3　藤原宮朝堂院（左）と平安宮朝堂院比較図

右に蒼龍《そうりゅう》・白虎楼《びゃっころう》がそびえ、中央に大極殿《だいごくでん》がある。

　天皇は毎朝ここに出御され、官僚は十二堂に出仕し、政務を評議するならわしであった。即位その他の儀式はすべてここで行なわれ、外国使臣との謁見の場所でもあった。

　朝堂院は藤原宮・平城宮・それに難波宮《なにわきゅう》の一部が知られているが、その大きさは藤原宮がもっとも大きく、平城宮・平安宮と次第に小さくなっている。藤原宮の全体の大きさはわからないが、宮城は平城宮より、平安宮の方が大きい。にもかかわらず朝堂院

Ⅲ-4　平安宮朝堂院―大極殿と蒼龍楼―（「年中行事絵巻」）

はかえって平安宮の方が小さい。これは当初は朝堂院が、八省院といわれたように八省の官僚の執務の場所であり、ここですべての政治が行なわれていたのが、官僚組織の増大、機構の複雑化は、官庁建築の規模を大きくし、朝堂院の占める地位は表面的・儀式的なものとなり、その結果として規模の縮小化を招いたものであろう。

藤原宮や平城宮の朝堂院は大極殿と十二堂との間に廊があり、天皇はその廊に開かれた閤門《こうもん》に出御して儀式を行なっている。平安宮ではこの廊はなくなり、前二者が閉鎖的な空間を朝堂院のうちにさらに設けているのに対し、平安宮のものは、開放的な羅列的な空間とした点に特色がある。これはシナ的な空間構成から、日本的なものへ変わっていったのであるが、また天皇の坐す位置を高くし、それを十二堂からの視線に開放することによって、天皇の権威を増そうと考えたのかもしれない。もっとも、この形は唐の大明宮の含元殿に似ているから、唐での変化がそのまま伝わったとする見解もありうるであろう。

朝堂院で行なわれていた政治は、時代が下がるにつれ、次第に形式化していった。毎朝、天皇がここに出御される朝政が、蔵人所《くろうどどころ》ができてからは紫宸殿《ししんでん》で行なわれるようになったことは、その代表的なものであり、紫宸殿は天皇の私的な住いであるから、朝政の私的化としていいであろう。

官庁で行なわれていた各種の事務も、藤原氏が実権を握るようになると、その私邸で行なわれ、「いま関白の第は、これ朝廷に異ならず」(『春記』)というようになり、宮城はただ儀式のためのものとなってしまった。

天皇の常の住いである内裏は朝堂院の東北にあり、二重に築地をめぐらし、正面に建礼《けんれい》門《もん》・承明門《しょうめいもん》を開き、紫宸殿を正殿として、多くの殿舎があり、北半に皇后・女御などの住む後宮があった。朝堂院は現在平安神宮に縮小復原されているように、唐風の建物であり、当時にあっても、「大極殿はこれ大唐大明宮の含元殿の体なり。一事かの宮に違はず」(『中右記』)と記されているように、唐風を模すことをよしとしたものであったが、内裏の方は日本古来の様式を伝えたものであった。しかし、それでも配置の点は、全くのシナ風で、唐の宮殿配置によったものであろう。

内裏は平城宮では朝堂院のまうしろにあり、両者一体のものとして計画されている。ところが平安宮では朝堂院の東北方に造られている。その理由はよくわからないが、平安遷都当初は朝堂院の直後にあったものが、朝堂院が形式化し、内裏の方が重んじられるようになったため、規模を大きくする必要性ができ、東方に別に建てられたと考えることもできる。また、当初から図のような配置だったとすれば、朝堂院のすぐ後の中和院《ちゅうわいん》は天皇が天神地《てんじんち》祇《ぎ》を親祭《しんさい》されるところであるから、神祇を重んじたため、こうなったと見ることもできよう。

内裏の正殿である紫宸殿の前庭は平城宮よりも平安宮の方が広い。このことはやはり朝儀が朝堂院の大極殿から内裏の紫宸殿へと移行したためと見ていいであろう。

内裏が修理され、あるいは再建されるとき、天皇は宮城外の離宮や臣下の邸宅に一時居住された。これを里内裏《さとだいり》という。しかし後には宮城内に内裏はあっても、里内裏を用いられることが多く、即位その他の儀式のときだけ内裏に帰られるといった状態になった。宮城内の内裏の使用期間を世紀ごとに分けてみると、

	内裏使用期間（通算概数）	主要里内裏名
九世紀	九九年	冷泉院
一〇世紀	九三年	冷泉院、堀川院
一一世紀	三三年	一条院、東三条殿、枇杷殿、京極殿、冷泉院、高陽院、堀川院
一二世紀	一二年	堀川院、大炊殿、高陽院、土御門殿、閑院

のようになる。内裏が引続き使用されたのは一一世紀の前半までで、後半はほとんど里内裏となり、一〇四八年（永承三）の内裏火災後は「うち（内裏）は作らせ給へれど、さるべき折にわたらせ給ふ」（『栄花物語』）にすぎなかった。

こうして、一二二七年（安貞元）の内裏焼亡後は、宮城内に内裏が設けられることはなくなり、鎌倉時代には閑院《かんいん》・大炊御門《おおいのみかど》万里小路殿《までのこうじどの》・冷泉富小路殿《れいぜいとみのこうじどの》・常盤井殿《ときわいどの》・二条高倉殿《にじょうたかくらどの》・二条宮小路殿《にじょうみやのこうじどの》などが内裏として用いられたが、北朝が土御門《つちみかど》 東洞院殿《ひがしのとういんどの》を内裏としてから、皇居の地は長くここに固定した。現在の京都御所はここを近世になってから拡張したものである。

中世における皇居は平安時代のもののような左右対称形をとらず、日常の住いである清涼殿《せいりょうでん》などの平面はかなり変わっていったが、江戸時代寛政の造営にあたり、復古思想に基づき、裏松固禅の研究を基とし、紫宸殿・清涼殿の平面は平安の古制に復した。この御所は安政に焼けたが、直ちに再建された。現在の京都御所がそれである。

宮城の近くには神泉苑《しんせんえん》、冷泉院《れいぜいいん》などの離宮があり、上流貴族の邸宅も多く建てられた。平安初期の状態はわからないが、後期の状態は文献で知ることができる。Ⅲ－1図は平安時代を通じて著名な邸宅などを書き入れたものであるから、これらがすべて同時に存在していたのではないが、東北方面の地が一般的に好まれたことが、邸宅の配置からよくわかる。

貴族の邸宅の敷地は特殊のものを除いては方一町（方四百尺、約四千五百坪）であった。平安時代の貴族住宅は寝殿造と呼ばれるが、正規のものでは中心に寝殿があり、東西の対を備え、さらに北対・東北対・西北対などがあり、東西対から東西中門廊が南北に延び、南庭を画し、途中に中門を開き、南の池に臨んで釣殿《つりどの》を設けていた。門は東西の築地に開かれ、南方には開かない。

このような配置をもった住宅形式は九世紀の終りごろにはでき上がっていたと思われ、左右対称形である点と、中門廊で南庭を囲むのはシナ的な配置であるが、内裏では東西にある建物が中心に向かって相対して立ち、内側が正面であるのに、寝殿造の東西対は同じく南北に長い平面でありながら、妻入《つまいり》とし、南正面としているのは、求心的な配置から、すでに羅列的な配置に移行していることが認められる。

南北線を軸とする左右対称形であるのに、南に門を開かず、東西に門を開いている点は内裏とも、またシナの住宅とも全く違っており、その理由は明らかでない。しかし、こうした配置をとれば東西二門のうち、いずれか一つが重要視され、左右対称形が崩れるであろうことは、当初から予想されることであり、シナ的な造形思想と相容れないものであった。

貴族住宅における左右対称性の放棄はまもなく実現する。寝殿は外観は対称形であるけれども、母屋《もや》の一方に塗籠《ぬりごめ》があり、使用方法は始めから東西対称的ではなかった。塗籠のある方が奥で、反対側から寝殿に入るから、人の座も塗籠の前が上座で、その反対側が下座であった。

藤原氏歴代の邸宅としてもっとも尊重された東三条殿も、一〇世紀末の兼家のときには西対があったが、その後の再建に当たっては西対が略され、対称形は完全に破られており、その他の、これより小規模なものにおいては、早くから対称形ではなかったと思われる。

このように、住宅の面においても、シナ的なものから日本的なものへの変化は平安時代を通じて行なわれ、鎌倉時代には閑院内裏のようなごく特殊なものを除いては、閉鎖的な中庭空間や、左右対称形を保つものはなくなり、各殿舎の配置は自由に、機能的な、実用的なものに変わり、自然を採り入れた庭園と、これに臨む変化ある殿舎配置の面白さを求めるようになっていった。

造営の当初から日本化への傾向をはらんでいた平安京は、律令制度の崩壊、政治機構の変化に伴なって、都市としても当初の計画とは別な方に歩んでいった。すでに早く、羅城門は妖怪・盗賊の住み家となりはて、ついには道長によって礎石まで奪い去られてしまったが、花山院《かざんいん》のとき道隆・道兼・道長が胆だめしに行かされたのが豊楽院・仁寿殿《じじゅうでん》・大極殿であるから、一〇世紀の終りには宮城も常時使用されていなかったと思われる。『今昔物語』には、豊楽院や武徳殿《ぶとくでん》の付近には鬼や狐がいたり、西京から三条京極へ行くのに、応天門と会昌門の間を通ったことがでている。これからみると、一一世紀末には宮城の中心部もかなり荒廃していたことがわかるし、朝堂院の南の部分は回廊などもなくなり、門だけある状態であった。

いくたびかの火災のあと、宮城は再建されはしたが、それは時折の儀式に使われるだけの形式的なもので、大極殿は一一七七年（安元三）の火災後はついに建てられなかったし、内裏も一二二七年の火災後、旧に復することはなかった。貴人の邸宅は東へ鴨川を越えて発展し、理想都市平安京の姿は全く変わったものになってしまった。それは形式的なものより、実用性を重んじた結果であり、大宮人のかざす花が、シナ伝来の梅から桜へ変わったことに象徴されるように、シナ的なものから日本的なものへの変化であり、政治都市平安京が経済都市化する道程でもあった。

四　藤原貴族の住生活

東三条殿

一一五七年（保元二）の夏、藤原氏歴代の邸宅として重んじられていた東三条殿《とうさんじょうどの》では、このところ連日の暑さにもかかわらず、ところどころの修理や掃除が行なわれ、関白忠通《ただみち》も時おりその進捗状況を見に来ていた。

藤原氏一門の重要な行事はこの東三条殿を使う慣例になっていたし、現に前年一一五六年の保元の乱に頼長《よりなが》が没落するまでは、頼長もここで各種の行事を行なっていたから、修理を要するほど荒廃していたわけではない。

これは五月二六日、この邸が里内裏《さとだいり》となることに定められ、近く天皇を迎えることとなったための修理であった。平安時代には、宮城（大内裏《だいだいり》）のなかにある内裏が本来の皇居であった。しかし、修造や再建のときには離宮や臣下の邸宅が臨時の皇居とされた。臣家の邸宅を皇居とした場合を里内裏といい、九七六年（貞元元）に皇居となった堀河殿《ほりかわどの》が里

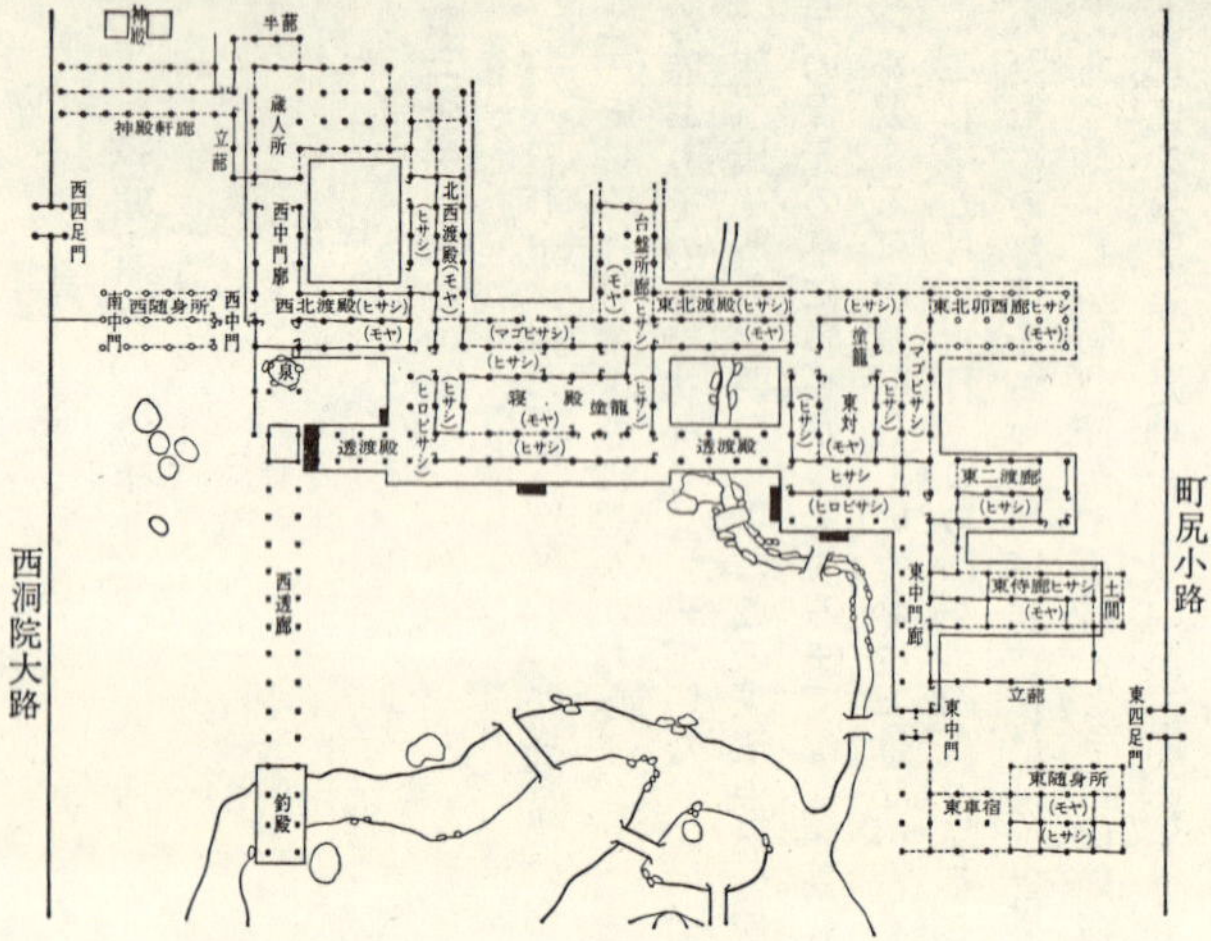

Ⅳ-1　東三条殿復原図

内裏の初めである。

初めは臨時の皇居であった里内裏も、一一世紀の中ごろからは内裏の再建がすぐ行なわれないため、里内裏にいる期間のほうが長くなり、さらに一二世紀にはいってからは、内裏はあっても、天皇は里内裏に住むほうが多くなった。

そのころ藤原氏の邸宅はしだいに立派になっていったが、兼家《かねいえ》は東三条殿の西の対《たい》を清涼殿《せいりようでん》造りにし、人々に非難されるほどであった。「内裏のやうにつくりなした」堀河殿（九七七年、『栄華物語』）、「九重《ここのへ》のつくりやうをすこぶる写しえた」枇杷殿《びわどの》（一〇〇九年、『御堂関白記』）、「うちの定《じやう》につくつた」高陽院《かやのいん》（一〇六〇年か、『栄華物語』）など、里内裏になるために内裏のように造った例が多い。貴族住宅の発展は、もちろん藤原氏のもつ経済力の増大によるものではあるが、里内裏がその発展の一因となったことはいなめない。

東三条殿は北は二条、南は三条坊門、東は町、西は西洞院《にしのとういん》に面した南北約二町の広さであった。これは四町の広さをもつ高陽院・冷泉院《れいぜいいん》には及ばないが、二町の家は、このほかでは京極土御門殿《つちみかどどの》・鴨院《かもいん》・閑院《かんいん》・堀河殿などだけであるから、一流中の一流に属するものであった。この付近（いまの京都府庁の南、二条城の東）には土御門殿を除く前記の大邸宅が集まっていて、京都の高級住宅地だった。

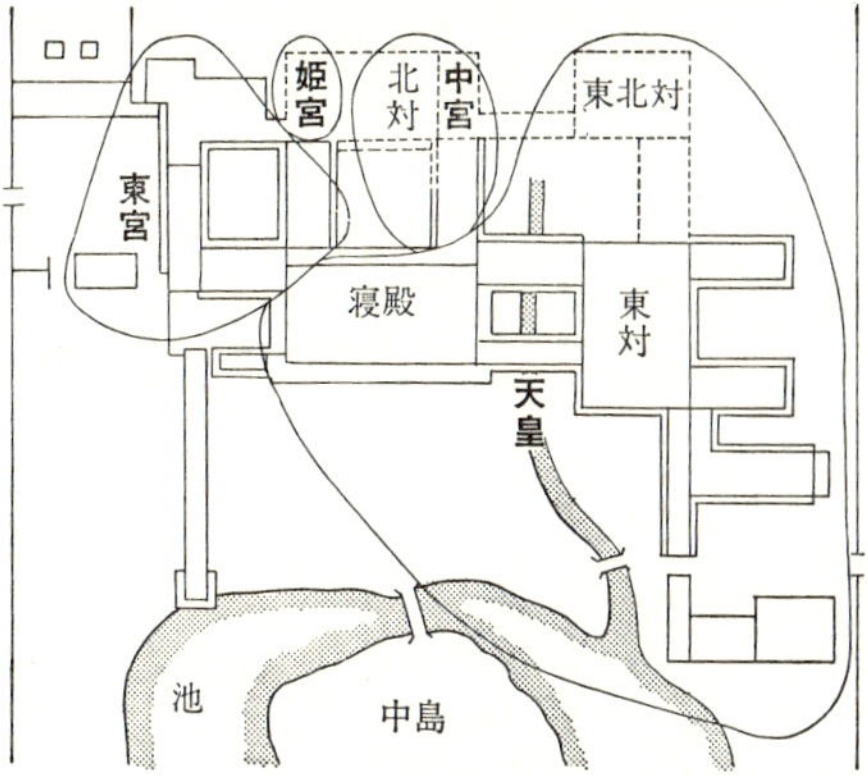

Ⅳ-2　東三条殿の配置と用法

東三条殿は早く藤原良房《ふじわらのよしふさ》の邸宅として知られ、陽成《ようぜい》、宇多《うだ》上皇や、重明親王《しげあきらしんのう》が使ったところもあったが、代々、藤原氏の邸宅として伝えられた。九八四年（永観二）に焼けたが兼家によって九八七年（永延元）に再建され、その後、道長《みちなが》によって、一〇〇五年（寛弘二）に新造されたが、まもなく一〇一三年（長和二）に焼け、すぐ再建されたものの、完成を目前に控えて一〇三一年（長元四）にまた焼けてしまった。このときは放火によるものだったという。そのあと再建された年は明らかでないが、一〇四三年（長久四）には後朱雀天皇《ごすざくてんのう》の里内裏となっているからそれまでに建ったのであろう。それから一一六六年（仁安元）までの一〇〇年間は無事であったらしく、たびたびの大饗《たいきょう》（例年または臨時におこなわれた大饗宴）その他の行事の記録によって、その規模がかなり詳しく知られている。

この邸については、すでに古く裏松固禅《うらまつこぜん》も復原図を作っており、最近では太田静六の復原案がある。これによると、中央に寝殿があり、東対《ひがしのたい》・北対《きたのたい》・東北対《とうほくのたい》があり、それぞれ渡殿《わたどの》によって連絡されていた。寝殿《しんでん》造の基本形としては、西対《にしのたい》もあるのが普通で、東三条殿でも、兼家が建てたときにはあったし、土御門殿・枇杷殿・一条院などは東西対を具備し、『中右記《ちゆうゆうき》』には、「東西の対、東西中門を有する法のごとき家」ということばがあって、寝殿の左右に東西対を有するのが定まりであった。東三条殿で西対が造られなくなったのは、道長の時からららしく、おそらく、西対の位置から湧き出した泉を生かすためのものと思われる。このため邸の西部は正規の造りとは異なっているが、寝殿の左右には吹放しの透渡殿《すきわたどの》が出て、南方の池に向かっては東中門廊と西透廊《すきろう》とがあり、南庭を取り囲み、対称形の意匠の名残りをとどめている。

東対や、東中門廊の東側には東北卯酉廊《とうほくうとりろう》・東二棟廊《ひがしふたむねろう》・東蔵人所《ひがしくろうどどころ》・東車宿《ひがしくるまやどり》・東随身所《ひがしずいじんじょ》があり、西には西蔵人所・西随身所や神殿などが造られ、周囲に築地《ついじ》を回し、東西に四足門を開いている。北のほうにはこのほか雑舎があったと思われるが、よくわからない。

七月五日、東三条殿の準備は万端整って、翌六日早暁寅《とら》の刻（四時ごろ）の行幸を待つばかりとなった。里内裏になるといっても、天皇一人が移ることもあり、中宮・東宮・女御《にょうご》まで一緒のこともある。このときの里内裏はごく短期間で、八月九日にはまた高松殿に還ったのであるが、中宮・東宮・女御も一緒だったから、各殿舎の割り当てがよくわかっておもしろい。

これを表にするとつぎのようになる。

天皇——寝殿、東対、東北対
中宮——北対東半
姫宮——同西半
東宮——寝殿西北渡殿、その他

天皇関係は複雑であるから、割合に簡単な東宮の御所でみよう。

東宮の御所は寝殿の西北方で、寝殿西北渡殿（西上官座廊）・北西渡殿（細殿《ほそどの》）の西側、上客料理廊・蔵人所・西中門廊と、寝殿西北の壺庭《つぼにわ》を囲む一郭であった。東宮の御座所としては西上官座廊があてられ、南に帳を立て、北に繧繝縁《うんげんべり》の畳二枚を敷き、東京錦《とうぎょうき》の茵《しとね》を重ね昼の御座所とし、東端に寝所が設けられた。

寝殿の西北のすみから北に向かう北西渡殿の東側は女御の御所であったが、中央を遣戸《やりど》で仕切り、西側を東宮関係の台盤所《だいはんどころ》（女房の詰所）、湯殿《ゆどの》、樋殿《ひどの》（便所）とし、御座所の西から北に向かう西中門廊は殿上《てんじょう》（殿上人らの伺候している所）で、その北には女房の局《つぼね》や御厨子所《みずしどころ》（食事の準備をする所）などとなっていた。

天皇・中宮・女御の御所も繁簡の差はあっても、同様な構成で、寝室・居間を中心とし、お付きの人の伺候する場所があり、便所・風呂まで備わっている。このように、各人の生活空間が別で、それぞれ独立して日常生活が行なえるようになっているのが、当時の貴族生活の特徴で、この天皇一家の場合はその典型的な例とみられる。

相思のなかの男女も、いまのように外でデートすることはできない。女の家に男が通うのである。この状態は結婚後も続く。当時の婚姻制度が別居制か同居制か議論のあるところであるが、文学作品などにあらわれたかぎりでは両方の場合がみえる。

しかし、同居といっても、夫と妻はそれぞれ別の空間をもっていた。東三条殿における天皇・中宮と同じような関係にある。たとえば源氏と紫の上は二条院《にじょういん》に住んでいたが、源氏は寝殿に、紫の上は西対にいた。日常生活に必要な設備はそれぞれの場所に設備され、食事さえも別々に行なわれた。

子女は妻のもとで養われ、一家のだんらんも妻のもとで行なわれた。子女が成長し、元服《げんぶく》・着裳《ちゃくも》の儀が済むと一人前の成人として扱われ、独立の空間が与えられる。男子はその社会的地位が高ければ多勢の使用人やひんぱんな訪客のため、家長と変らぬスペースが与えられること、先の東三条殿における東宮の例でみられるとおりである。しかし、家格が高くても、身分がそう上がらないうちは、渡殿などを仕切った一室である曹司《そうじ》での部屋住まいである。これに対して、女子の場合はかなり広い場所が与えられ、曹司や局といった一、二室のものはみられない。対の屋一つが与えられたり、寝殿や対を分割して用いており、結婚後の状態とほとんど変っていない。

建物内の設備

寝殿にしても、対にしても、その形態はあまり違わない。ただ、寝殿が東西に長い建物で、入母屋《いりもや》造となり、東西対が南北に長い切妻造で、南に広庇《ひろびさし》という吹放しの一段低い庇がつくのがその大きな違いである。どちらも、中央に母屋《もや》とよばれる部分があり、周囲に一間どおりの庇がつく。母屋の一方には塗籠《ぬりごめ》とよばれる小室があるが、母屋と庇との間は南は仕切りがなく、北にだけ隔ての障子《そうじ》（襖《ふすま》）がはいる。床の高さは母屋も庇も同じで、孫庇《まごびさし》や広庇がこの外につくときは長押《なげし》一段低くなる。庇の周囲には蔀戸《しとみど》や妻戸《つまど》が釣られ、外は一段低い濡縁の簀子敷《すのこじき》となる。

塗籠は本来寝室であり、清涼殿《せいりようでん》の夜御殿《よるのおとど》（塗籠）にその名残りをとどめているが、『源氏物語』のころ、つまり一一世紀には塗籠に寝ないで、母屋に立てられた帳《ちよう》に寝ている。

寝殿内部には帳・畳・屏風《びようぶ》・几帳《きちよう》・棚《たな》などいろいろな家具が置かれ、簾《すだれ》や壁代《かべしろ》が掛けら

Ⅳ-3　清涼殿内部

れる。これらの敷設のありさまを「しつらい（鋪設）」という。その状態を一一一五年（永久三）関白忠実《ただざね》が東三条殿に移ったときの鋪設でみよう。

　母屋の中央には帳が立てられる。これが普通寝所となる。その西に繧繝縁の畳二枚を敷き上に東京錦茵を敷き、そのうしろに二階厨子一双を置いて、香壺箱・櫛箱《くしばこ》・薬箱・造紙箱（書物入）などを置き、うしろに屏風を、斜前方に几帳を立てている。帳の前方、南庇には繧繝縁の畳二枚、竜鬢地敷《りゅうびんじしき》二枚を敷き、上に唐錦茵《からにしき》を置き、西に火《ひ》取《とり》・泔坏《ゆするつき》（頭髪を洗う水を盛る坏）・唾壺《だこ》・打乱筥《うちみだりのはこ》（婦人結髪のとき、または寝るとき、かもじなどを盛るに用いる具）・硯箱《すずりばこ》を置いた二階棚のほか、脇息《きょうそく》・唐筥《からばこ》（化粧品入れ）・鏡台などがあり、西に屏風、東南に几帳を立てている。

　建物の内部には、なにも特別な設備はない。そこに畳を敷き、調度類を置いてはじめて、ある特別な機能をもった空間となる。

　浴室や便所でさえも、建物に固定された設備としては何もなかった。東三条殿が里内裏になったとき、東宮の御樋殿《おひどの》（便所）は寝殿北西渡殿のいちばん北の一間で、つぎの二間が御湯殿《おゆどの》であった。この御湯殿は翌年また里内裏になったときには御膳宿《おものやどり》（御膳所）になっている。上官座廊は里内裏のときは東宮の御在所であるが、大饗がおこなわれるときにはその東端は便所になっている。このように、自由に用途が変えられたのは、移動できる調度によって室の機能が定められていたからである。

便所は御樋殿、御装物所《およそものどころ》とよばれ、渡殿に設けられるのが普通であった。大饗のときの休所（急所）は尊者の便所で、三方を屏風で囲んで、畳一枚敷き、大壺《おおつぼ》（虎子とも書く。小便器）を置くが、床に穴を掘ったこともある。大便器は「しのはこ」（清筥、私筥）あるいは樋《ひ》とよばれ、御樋殿の名はこれにもとづいている。

樋は『延喜《えんぎ》内匠寮式《たくみりょうしき》』によれば、高さ九寸（約二七cm）、径九寸五分（約二八・八cm）とあるから、円形のものであろう。これはいずれも漆塗りで、螺鈿《らでん》、蒔絵《まきえ》を施したりっぱなものであった。用便が済むと、御厠人《みかわうど》・樋洗《ひすまし》などとよばれる人によって洗われた。また『類《るい》従雑要抄《じゅうぞうようしょう》』には大壺を帳に置いたことがみえ、夜は寝所ですぐ用を足したものであろう。

湯殿も前述のように、渡殿の一部に設けられることが多い。ここには一一五七年（保元二）の例でみると、槽《ふね》（湯船）・打板《うちいた》・分桶《わかちおけ》（二）・太賀《たが》・杓《しゃく》（五）・足桶《あしどい》（四）、汲部《くみべ》・床子《しょうじ》（二）・置物机が置かれていた。

湯船の大きさは『延喜式』によると、五尺二寸（約一五七cm）に二尺五寸（約七五・八

cm）で深さは一尺七寸（約五一・五cm）となっている。床子二脚は一つは御湯殿人の、一つは湯桶《ゆおけ》を置くもので、打板はこれを置いて、上に畳を敷くためのものである。大嘗会《だいじょうえ》のときの沐浴《もくよく》法でみると、湯かたびらを着て湯船にはいり、湯を浴びて、湯かたびらを湯船に脱ぎ捨て、別の湯かたびらを着て上がっている。要するに、取り湯式で、今日の行水《ぎょうずい》のようなものである。

里内裏になってわずか一月で、天皇はまた高松殿に移った。そのあと、この邸には持ち主の忠通が子基実《もとざね》とともに移ってくる。そしてあくる月の一九日、ここで基実の大臣大《だいじんたい》饗《きょう》がおこなわれた。

大臣大饗は大臣になったときにおこなう宴会であり、この種の行事は正月大饗をはじめ、臨時客・春日祭上卿発遣《かすがさいじょうきょうはつけん》・季続経・賀茂詣《かももうで》・灌仏《かんぶつ》・五月節会《せちえ》など、季節に関係あるもののほか、任大臣饗・任大将饗・請印《しょういん》・上表《じょうひょう》・元服・着裳・四十賀・五十賀・七十賀などの家族関係の行事があり、その他の仏事など当時の貴族住宅ではこの種の行事がしじゅう行なわれていた。この点は現在の住宅とまったく違ったところで、私生活の場であるとともに、社会儀礼を行なう、一つの儀式場でもあった。

これらの行事のうち、最も重んじられた正月大饗の時についてみると、人々の座はⅣ－4図のように、塗籠の前が一番上席で、尊者の座があり、大・中納言、参議は母屋に東を上として南北相対して坐る。西庇の座は弁や少納言で、東に向いて坐る。主人の座は南庇東方である。

このような座の配列で注目すべき点は、主人の座が上にあることと、建物の外観は南正面の左右対称形であるが、その用法は南北軸を中心とした対称形でないということである。すなわち、常に東か西かの一方が上で、他が下座となる。このような使用法における左右非相称は、意匠的にも左右対称形を崩すもととなる。寝殿造が、この東三条殿においてもすでにそうであるが、一方の対が対代《たいだい》となり、あるいは対代廊《たいだいろう》となり、またそれが略されていく原因の一つは、この使用法における左右非相称に基づくとみなければなるまい。

寝殿や対がこれらの行事に使われるため、日常生活の私的な空間は北方へ発展する。東三条殿寝殿の北孫庇の存在は、私的な空間が孫庇という形で延びていったものであり、また寝殿母屋の中央に東西の仕切りができて、北半が広く使えるものもあらわれてきた。

大臣大饗が行なわれるとき、寝殿の南庭には幄舎《あくしゃ》が設けられる。寝殿南階の東側には立作所《たちづくりどころ》（肴を調理する所）の、西廊南よりには酒部所《さかべどころ》（酒のかんをする所）の幄舎が立ち、大饗の三献まではここから酒食を供する。四献以後は上客料理所から献ずる。検非違使《けびいし》の座は酒部所幄の北に設けられるし、タカ飼い、イヌ飼いらが杯をうけるのも庭上である。

南庭の南には池があり、中島が築かれ、橋がかけられる。池には主客が座につく間、竜《りょう》

――東三条殿における大饗を描いたもの

頭鷁首《とうげきす》の船が浮かべられ、春庭楽が奏される。

三献の後、検非違使は退出し、史生《しじよう》（太政官、八省などの下官）らが参入し、反橋《そりはし》・平橋《ひらはし》を経て中島の幄舎に着き、杯をうけ、楽人・舞人たちは船に乗り楽を奏しながら南西から北進し、中島に上がり、反橋を経て南庭に進み、楽を奏し、舞を舞う。大臣大饗のとき、南庭と池とは寝殿とともに、重要な役割を果す。

また南庭では鶏合《とりあわせ》・蹴鞠《けまり》などが行なわれ、寝殿はその観覧席となることもある。このように、寝殿造における行事は寝殿南面と南庭とを、一つの空間として行なわれるので、南庭は重要な意義をもっていた。

しかしまた、庭はもちろん見るためのものでもあった。東対と寝殿との間にある透渡殿の下を流れる遣水《やりみず》は、東中門廊に沿って流れ、池の北東の隅に入る。このあたりには前栽《せんざい》が植えら

Ⅳ－4　大臣大饗（「年中行事絵巻」）

れて四季とりどりの色をあらわす。池の南は山として種々の樹木が植えられる。これらは花の山であり、秋の野であり、夏の緑陰となり、冬の林となる。それはただ植物の移り変りだけでなく、ウグイスの歌、虫の音に、観月に、雪見に、四季を感じさせる。

中門廊の先にある釣殿はその名のように、池に放たれた魚を釣る場所でもあったろうが、「いと暑き日、釣殿にいで給ひて涼み給ふ」場所でもあったし、月見、雪見の宴が催されるところでもあった。

また寝殿や対や渡殿で囲まれたところは壺とよばれ、前栽が植えられる。そのさまは京都御所の萩壺などでうかがわれよう。

一一五〇年（久安六）一月一五日には頼長の子万寿麿の元服が行なわれた。このとき行事の場にあてられたのは、出居《でい》であった。行事は正月大饗のような重要なものは寝殿の母屋で行なわれたが、南庇を使う場合が多く、その他、対南庇《たいのみなみびさし》などもよく用いられている。たとえば一一五二年（仁平二）一二月二〇日の着袴《ちゃっこ》は東三条殿東対の南面で行なわれている。この元服のときなどはさらに簡単なものとして、出居がその場にあてられたのであろう。出居は二棟廊（普通は寝殿東北の渡殿）にあることが多く、そこでは政治上の要務なども行なわれているが、事務的な応接として用いられる場合も多い。また主人が外出に際し、ここで装束を整えている例もみられる。

出居は出ているの義だといわれるが、常居所からここに出ているという意味であろうか。室町時代の『三条中山口伝』には二棟廊か対南庇が接客の場所だとしるしている。出居には『雅亮装束抄《まさすけしょうぞくしょう》』によると、厨子一双（泔器、掻上筥、冠筥を置く）・脇息・硯筥《すずりばこ》・二階棚が置かれ、主人の座があり、日常生活に必要な調度が整えられており、居間としての機能をもっていた。したがって、ここは主人の居間兼応接間のような場所であったとみてよかろう。

このように接客空間がまだ十分独立していないことが、寝殿造の大きな特徴の一つであった。

寝殿の中央正面に階段はあるが、これは儀式のときにしか使われない。普通、訪客は中門北廊の沓脱《くつぬ》ぎで案内をこうのである。中門北廊についている唐破風《からはふ》と妻戸《つまど》は、そこが出入口であることを示している。

簡単な訪客なら、ここで用件を済ませるし、応接間が対南庇や、二棟廊であるというのは、この玄関である中門北廊の近くという意味も含まれている。歌人で有名な藤原定家《ふじわらのていか》の家は東三条殿よりはるかに小さな、寝殿だけの家であったが、北庇は居所、西庇は客座と記している。西南に中門廊がついているので、その近くが客座と定められていたのである。

　寝殿は主人の生活空間として、中門廊は玄関として、欠くことのできないものであった。定家の家はそれをよく物語っている。

　このような構成をとる寝殿造が簡略化される場合には、対が対代となり、また対代廊として簡単になり、最小のときは寝殿とその一角から突出した短かい中門廊という形となる。そしてこの形は近世の初期書院造にまで長く伝えられる。

五　入母屋造本殿の成立

変った本殿形式

神社建築の本殿の形式に神明造・住吉造・大社造・流造・春日造・八幡造などがあることはよく知られている。これらをみると、平入り、妻入りの別はあっても、みな切妻造である。後の三者は向拝がついたり、前殿、後殿に分れたり、また屋根が反り、組物を一部に使うなど、仏教建築の影響がみられるが、前者の発展型として、容易に理解できる形である。

ところが、中世の神社建築遺構には入母屋造の御上《みかみ》神社本殿だとか、両流造《りようながれづくり》の厳島神社本殿などがあり、さらに複雑なものには吉備津《きびつ》神社本殿のようなものもある。そして、これらの本殿形式がどのようにしてできたかは、まだ全然説明されていない。

本稿でも、それらのすべてについて述べるわけではなく、その一、二について、成立の過程を考えてみたいと思う。

まず最初に御上神社本殿をみよう。これは入母屋造で、連子窓などもあり、屋上の千《ち》木《ぎ》・堅魚木《かつおぎ》を取ってしまえば、仏堂と変らないとして、仏堂型の本殿の好例として挙げられている。たとえば足立康『日本の建築』には、

当代（鎌倉室町時代）においては普遍的な神社形式の発生を見なかったけれども、個々のものについては種々の形式をもつ社殿も現われ、なかでも仏教建築に接近して本殿の形式が全く仏堂の形式によっているような遺構さえ見られる。建武の縁束銘のある近江御上神社本殿はその一例で、方三間入母屋造檜皮葺、正面に一間の向拝を設け、全体上に高欄をめぐらした廻縁を備え、その縁束の礎石は蓮弁まで彫刻されており、全体の形式および細部の手法は全く寺院建築に属しており、もし棟の千木堅魚木がなければ仏堂としか思われない。元来切妻造を原則としていた神社本殿の形式も、平安時代から日吉神社本殿、八坂神社本殿のように、母屋の周囲に庇を設け、入母屋風の屋根を葺いたものが現われて来たが、それらの古い遺構は残っていない。御上神社本殿は上記のものとは発生の事情を異にするものではあるが、とにかく入母屋造本殿の最古の一遺構として重視すべきものである。

といっている。日吉造の起源は平安時代にあるので、「発生の事情を異にする」と足立康一流の慎重な筆で逃げてはいるが、その発展形であるかのように、におわせている。常識的にみて、母屋の三方に庇のついた日吉造から、四方に庇のある御上神社の本殿が

できたとすれば、いかにももっともらしいが、簡単にそうはいえない。「発生の事情を異にする」と書いてあって、思わせぶりな書き方である。どういう事情なのか聞いてみたいが、いまとなってはあの世まで聞きに行くわけにもいかない。おそらく彼は日吉造の発展形だといったら、「そんなことはない」と反論されるのを用心して、うまい逃げ口上を打ったのではなかろうか。ちょっと意地悪な想像ではあるけれども。

いま、御上神社の本殿の平面をみるとV－2図のようになっている。それはまさに母屋の四面に庇のついたいわゆる「一間四面堂」と同様の平面であるから、仏堂的といっても、差しつかえなさそうである。そうすると、仏堂の影響ということが、第一に予想される。とくに縁束の礎石に蓮華座がついていたり、連子窓があることなどはその推定を援けるかに見える。

V－1　御上神社本殿

この本殿で、もう一つ注目すべき点は、裏に扉があることである。普通、神社本殿ではそれがどんな形式に属するにもせよ、裏に出入口はない。これは仏堂と根本的に違うところである。それがここにはある。しかし、その入口は何のために設けられたのか、理解に苦しむ。

　というのは、裏一間通りは板壁で前方と区切られており、通行できなくなっていて、この部分は全く使われていない。使うとしたら物置にしかできない。これなら、なくても本殿として機能的にはさしつかえないわけである。なぜこのようになったのであろうか。

　そこで、もう少し詳しく見ると、中央四本の柱は側通りの柱と柱心が通っていない。そのため図でもわかるように、仕切の壁は柱の中心に納まらず、片よってついている。もし本来ここに壁があるものだったら、当然柱筋を通して設計するところである。それが、中央の四本の柱間が、側面の中央の間より広いのは、ここにもとは壁がなく、かりにあったとしても、図のように中央の四天柱を囲むところにだけあったからであろう。さもなければ、このような平面をつくることはなかろう。

　さらにもう一つ、中央の母屋一間通りの床は庇より一段高い。このことも、この建物の母屋と庇の空間的性格がはっきり分れていることを物語る。

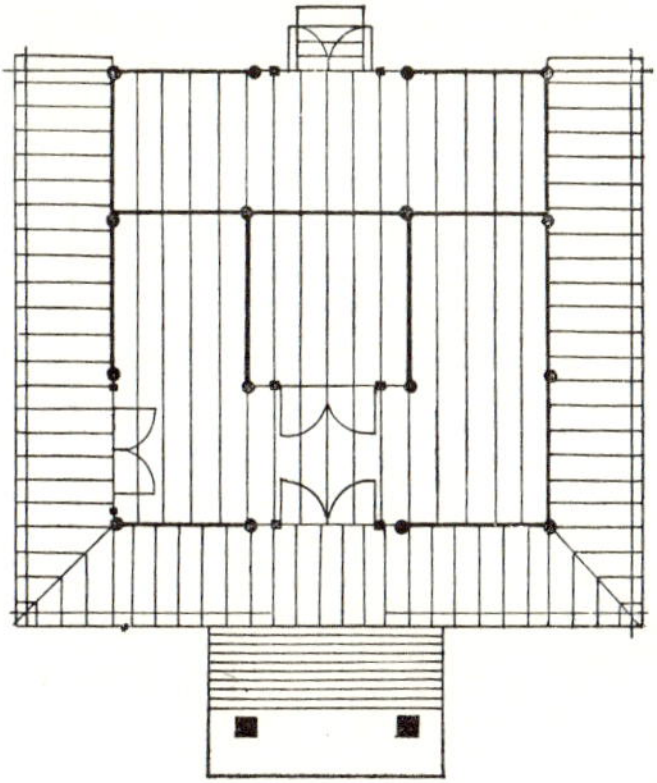
V-2　御上神社本殿平面図

背部と壁で仕切られているのは、後世の変

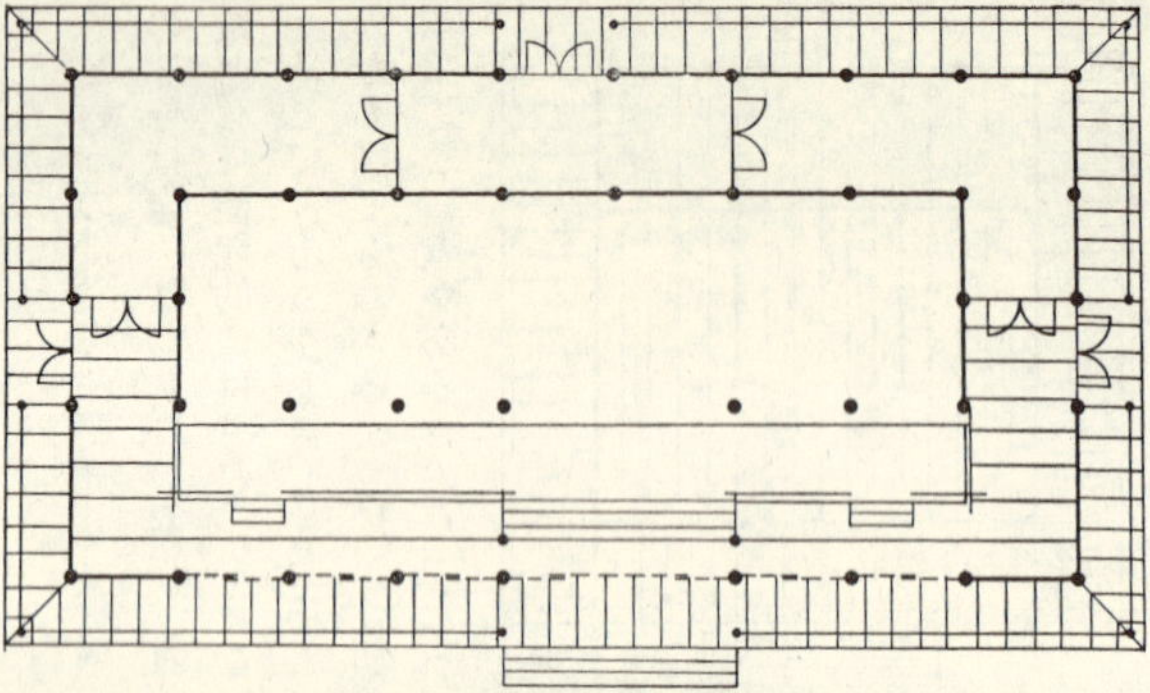

V－3　厳島神社本殿平面図

更かと思われるが、現在の拝殿は、いまの本殿の前の本殿であるとの伝承があり、拝殿の方が様式的にも古いと思われる。この拝殿でもここに板壁のあった痕跡が側柱に残っているから、古くからのものであることがわかるが、ここに壁があるのは、平面の性格からいって、本来のものとは思われない。

なお、現在の本殿は縁束礎石にある建武四年の銘より古く、建武は修理で、向拝などはこのとき改造したと見る人もあるが、向拝を別とする積極的根拠は見出せないようであるから、すべてを建武のものとしてよかろう。

以上が御上神社本殿についての所見であるが、次に厳島神社についてみよう。

厳島の本社本殿や客人社本殿はともに両流造という、変った形をしている。これと同じ形式は重要文化財に指定されたものでは京都の松尾大社に見られるだけである。

両流造という形式が珍しいだけでなく、この本殿の正面には扉がない。これはおそらく他に例がないだろう。御神体は内陣に置かれた宮殿（厨子）のなかに安置されている。

現在では四方一間通りは庇のような平面になっているが、天井をみると、前後一間通りは別になっていて、もと母屋奥行二間の前後に庇をつけた形式だったことが窺われる。このことは一一六八年（仁安三）の神主佐伯景弘の解状《げじょう》に「九間二面宝殿（本社）」、「五間二面宝殿（客人社）」とあることからも考えられる。おそらくこの文書の示すように、切妻造の母屋の前後に庇を付した形（その外形はいまも伝えられている）が当初の形式であろう。

そして、ここにも背面に扉がある。これは一体何を物語るものであろうか。

松尾大社では背面にはないが、後一間通りの左右に出入口があり中央二間通りと前後一間通りが庇として別の空間を構成していることは、厳島と同様である。ただし、ここでは母屋正面にも庇正面にも扉がある。

庇つき本殿形式の成立

以上のような変った本殿形式の成立したのは、なにによってであろうか。

ここで石上神宮の拝殿をみよう。この拝殿は図のような平面である。いまは背面に突出した部分が作られているが、昔はなかった。それは背面柱筋の中央三間に藁座《わらざ》が残ってい

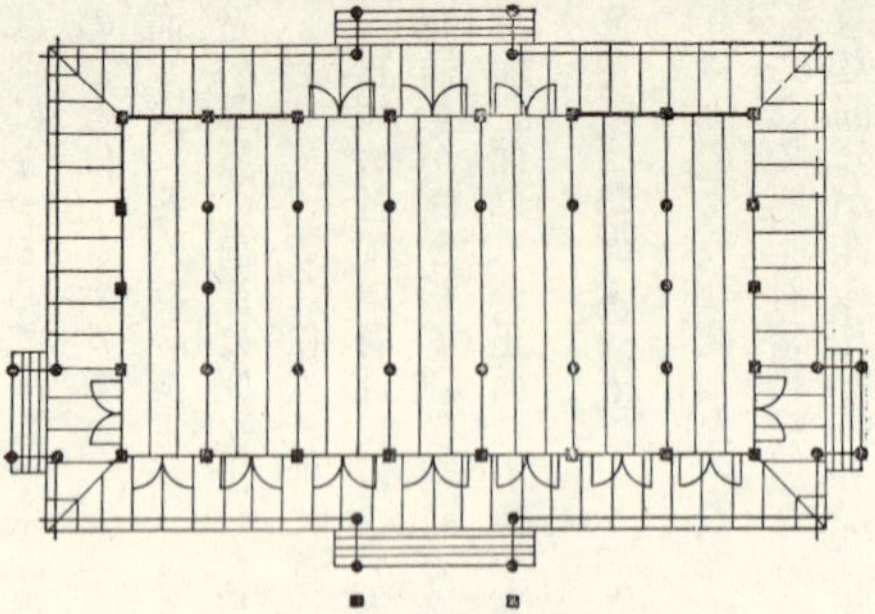

V－4　石上神宮拝殿平面図

るのでわかる。

この拝殿は入母屋造で、中央に母屋があり、そこは組入天井とし周囲は化粧屋根裏で、明らかに「五間四面」（母屋桁行五間、四面庇あり）の形をとっている。

石上にはいまは本殿があるが、これは大正になって作ったもので昔は拝殿の後方を神聖視して禁足地とし、本殿をつくらず、拝殿だけの神社の例として著名であった。そして、このように本殿のない神社が、神社として古い形態を残すものとされている。

神社は本殿のない時代から、毎年の祭に際し仮に設ける仮設の神殿を造る時代を通り、その仮設の神殿が恒久化したのが本殿であると説明されている。昔、広く行われた式年造替の制度は、この仮設の神殿をつくり、祭がすめば取りこわした時代の慣行が残ったものと解されている。そしてこの解釈は正しいものと思われる。

これを念頭において、御上神社と厳島神社を見よう。両社に共通することは、御上神社は三上山を、厳島神社は弥山《みせん》を神奈備山《かんなびやま》として尊崇する社である。御上はもと三上山上に磐境《いわくら》があってそれを祭っていたのを、のちに山下に社殿を造営したと伝える。

厳島は山ばかりでなく、島全体が神奈備山として尊ばれ、もとは対岸の外宮（地御前社）から拝んでいたのが、次第に島にも社殿が造営されるようになったといわれている。

これらについて、正確なことを伝える史料はないが、おそらく大筋については正しいであろう。その場合、当初は社殿は全くいらないが、平安時代に各社に拝殿以下祭のための建物が設けられるようになったとき、まず拝殿が建てられたのではあるまいか。

拝殿をつくるとすれば、母屋と庇からなる平面構成をもった、そのころの住宅の形態が使われることは当然であろう。二面庇なら両流造になるし、四面庇なら入母屋造になる。そして、これが次には本殿化する。

そう考えたとき、背面にある扉も、あるいは内陣正面に扉がないことも、これがもとの拝殿の平面を踏襲したのなら別に不思議はない。

またそう考えなければ、本殿背面に実用的には要らない庇の間の存在を理解できない。背面の庇の間だけでなく、本殿は御神体を安置するためだけのものであって、その神殿のなかでいろいろの行事が行われるものではないから、前面に供物を備えるための前庇の発生は考えられても、左右の庇は不要である。それがあるのは、拝殿として祭のとき神官の座が設けられていたため、母屋・庇構成を持っているのだと考えなければなるまい。

このように両社の本殿が拝殿の転化したものとするならば、両社本殿の特異性を容易に理解できるであろう。もしこれが認められれば、それは仏教建築と直接の関係はなくなる。もっともこういったからといって、細部に仏教建築の影響があることを否定するものではない。

日吉大社の前と左右に庇のある「三間三面」の形式は疑問の点が多く、他に発生の原因を求めなければならないかもしれないが、前二者同様、拝殿の転化したものとすることはできまいか。現在、日吉神社本殿の背面に扉はないが、それは拝殿の本殿化の過程のうちに失われたものと解してもよかろう。

これらの新しい本殿形式が生れたのは、平安時代に遡る。厳島神社では平安末、仁安三年の解状に「九間二面」とあるから、すでに前後に庇がついている。御上神社の場合は現拝殿がもとの本殿だという伝えが正しければ、様式上これも平安末乃至鎌倉初期とみられよう。また日吉神社本殿は『玉葉』治承三年の条に「三間三面」とあって、現状とすでに同じことが確められる。

石上神宮の拝殿についてみると、一四七〇年（文明二）の棟札の写しに、

当社拝殿三方檜皮修理之、二月五日仮殿作事始、同十日下遷宮在之、自廿四日葺初、三月六日棟裹、同日上遷宮在之、

と記している。拝殿の修理に下遷宮をしているということは、ここに御神体があったことを物語る。あるいは本来の祭神でないのかもしれないが、拝殿が本殿化する傾向を物語る

かに見える。

要するに神社建築は仮設の神殿が恒久化して本殿が成立し、平安時代になって、拝殿以下の諸建築が整備されていったのであるが、一方において、本殿を持たないままの神社も多く、平安時代に本殿を作らないで、拝殿以下ができ、ついで拝殿が本殿化したものが、日吉造、両流造、入母屋造の本殿であろうと推定するというのが本稿の趣旨である。したがってそれらは神明造、大社造などの発展型としてはとらえられないと考えるのである。

しかしながら、入母屋造本殿のすべてが拝殿の転化したものといえないことはいうまでもない。八坂神社の本殿は一二二〇年（承久二）の火災の実検文が『玉蘂』に載っているが、それには「宝殿一宇 五間四面、又庇、階隠三間、御後閼伽棚三間、比皮葺」とあり、現在の平面と一致する。これは『二十二社註式』に九三五年（承平五）の太政官符を引いて「神殿五間檜皮葺一宇、五間檜皮葺堂礼一宇」と記しているので、神殿と礼堂とが一棟になったものと推定され、中世密教本堂の成立とその軌を一にする。

また吉備津神社本殿は前庇付の流造社殿の四周に庇を付け、また前庇をつけて、その周囲にさらに庇をめぐらした平面と認められる。

これほど複雑でないが、近世の入母屋造本殿、たとえば権現造のものなどは「三間四面庇」の形式を採るものが多く、これは仏教建築と関連して考えなければなるまい。

したがって、入母屋造本殿の成立過程については、さらに広く、深い考察が必要なのであるが、ここでは拝殿が本殿化したのではないかと推測される二、三の例について臆説を述べるにとどめる。

六　鎌倉時代の建築と工匠

東大寺・興福寺の再建

一一八〇年（治承四）一二月二八日、南都の僧兵鎮圧に向かった平重衡の軍は奈良の民家に火を放った。おりからの北風に火は東大寺・興福寺をおおい、三国一の大仏は首が落ち、手が折れ、天平以来の大伽藍は一面の焼野が原となった。

翌年両寺とも造寺官の任命があり、二十数年の間に主要部分の再建が行なわれた。しかし両寺ともその後の火災に焼失し、鎌倉初期再建の建物としては、東大寺南大門・開山堂・三月堂礼堂・鐘楼・興福寺北円堂・三重塔を残すだけとなった。

いまこれらの堂塔を見ると、同じ奈良の地に、しかも創建を同じくする両寺であるのに、まったく違った様式をもって再建されている。

東大寺は再建にあたり、大勧進として采配《さいはい》をふるった僧重源《ちょうげん》により、宋《そう》の様式が取り入れられたが、一方、興福寺はまったく伝統的な様式によっている。前者は東大寺の再建のほか、重源が七カ所に建てた別所とよばれる小寺院に用いられたもので、建築史上では、これを大仏様《だいぶつよう》あるいは天竺様《てんじくよう》とよんでいるものであり、興福寺がよった平安時代の様式は和様とよばれている。

大仏様の遺構としては東大寺南大門（一一九九）、浄土寺浄土堂（一一九四）、東大寺開山堂（一二〇〇ごろ）などがあり、先年焼失した醍醐寺経蔵もこれに加えられよう。大仏様の建築的特徴としては、貫《ぬき》を多く使用すること、肘木《ひじき》が柱にさし込まれた挿肘木《さしひじき》で、斗《ます》の下に皿斗《さらと》がつくこと、断面円形の虹梁《こうりよう》を用い、上に円束を立てること、軒が一軒で鼻隠板を垂木《たるき》先に打ち、すみを扇垂木《おうぎ》とすること、天井を張らず化粧屋根裏（野屋根なし）をみせ、貫の先などに木鼻《きばな》をつけ、扉《とびら》に桟唐戸《さんからど》を用いることなどがあげられ、簡素豪快で、構造的な美しさを発揮しているが、いささか荒っぽく、これが平安朝の優美な、いわゆる和様のうちから発展したものでないことはもちろんで、その源流はまだ十分明らかにされていないが、中国の浙江《せっこう》・福建《ふっけん》あたりの様式を取り入れたものであることはまちがいない事実であろう。

東大寺は一二〇三年の総供養までに、大仏殿・中門・回廊・南大門・戒壇院《かいだんいん》金堂などが造営されており、講堂・塔、戒壇院回廊・同講堂などは一三世紀中ごろに再建されている。そのころになると、様式は純粋な大仏様であったとは思えないが、最初再建されたものに大仏様が用いられていたことは、「行基絵伝《ぎょうきえでん》」や、元禄再建の現大仏殿などから推察できることで、一二世紀末の東大寺はまったく大仏様によったものと考えて誤りないであろう。いま、大仏様伝来の原因を追求する前に、これとまったく同じ時期に再建がおこなわれながら、和様によった興福寺の事情についてみていこう。

興福寺は一一八〇年（治承四）の火災後、木造始《こづくりはじ》めが翌一一八一年におこなわれたが、最初に造立されたのは食堂《じきどう》・東金堂・西金堂で、ついで一一九六年までに講堂・南大門・南円堂・中金堂・回廊が建てられ、一三世紀中ごろまでに北円堂・五重塔・春日東西塔《かすがとうざいとう》・僧房などができている。東大寺に比べて再建のスピードは早く、大部分が一二世紀に建立され、一三世紀再建のものは少ない。

このときの建物として北円堂・三重塔があり、北円堂は一二一〇年の建立であり、三重塔はまったく史料を欠くが、春日東塔が一二一七年に、西塔が一二二〇年から五〇年ごろにできているところからみると、三重塔の再建も一三世紀初頭より遅れるものではあるまい。

この二つの建物はまったくの和様であって、隣の東大寺が大仏様であるのと、対照的であるが、しかしまた三重塔と北円堂とは、同じ和様であっても、両者の間には、かなりの違いがある。

三重塔はかつて平安時代末に創建されたまま、治承の兵火をまぬがれたものとして、平安時代の建築として認められていたことがあるように、木割細く、繊細優美な様式を示し、北円堂は基壇上に立ち、木割も三重塔よりは太く、柱間におかれた三斗《みつと》、すみに、遖出した肘木などは大仏様の影響をうけたものかとも思われる。

このような二者の相違は、三重塔が皇嘉門院御願として平安末の一一四三年に創建され、北円堂が藤原不比等《ふじわらのふひと》のために天平時代の七二一年に創立されたというその由緒により、それぞれ再建にあたっても創建時代の様式を残したものとも解されよう。

しかしまた、それればかりでなく、再建時の事情、その造営費の出所、工匠などの関係から、上述のような様式の差が出たのではなかろうかとの疑問もおこってくる。

造営費と工匠

そこで、鎌倉再建の興福寺諸堂の造営関係についてみると、次表のようになる。(『玉葉』『養和元年記』などによる)

これらの工匠のうち、京下工の常弘・国行・貞時・国次・国重のうち、国重は不明であるが、他は木工寮《もくりよう》の大工・少工、あるいはかつてその地位にあった人で、京都における官僚建築家のトップ・グループの人たちであったことが知られる。

官行事所というのは御寺官行事所とも書かれているから、造興福寺行事所のことである。東大寺や興福寺では重要な造営のときには造東大寺使や造興福寺使の任命があり、そのとき官行事所が設けられている。

建物名	造営費	工匠 京下工	工匠 官行事所工	工匠 寺工
金堂	公家沙汰	大工貞時 権大工国次、国重		
東回廊	〃			国弘
西回廊	〃		行末	
中僧房	〃		貞行	
西僧房	〃		吉貞	
経蔵	〃			国安
鐘楼	〃			得満
中門	〃		大工助頼 権大工貞頼	

講堂	氏長者沙汰	大工常弘 権大工国行		
南円堂 南大門	〃	常弘		
東僧房	氏知識			
食堂	寺家沙汰			大工時方
上階僧房	〃			時国
東金堂	〃			
北円堂	〃		友成	延時

官行事所に属する工匠のうち、当時の工匠中で同名のものは四人あるが、多武峰《とうのみね》の工事に出てくる散位《さんみ》行末と同友成は、興福寺との関係からして、興福寺造営における行末、友成と同一人とみてよかろう。この人々は散位であったというのであるから、もとは木工寮などにいて、官位をもらったのであろう。これは官行事所の性格からみてもありそうなこ

とである。また東大寺や興福寺には常設の営繕機関として修理所があり、そこに大工以下の工匠がいた。これが寺工である。

前掲の表をみると、その造営費の出所と、これら工人との間には一連の関係があることがわかる。すなわち、氏長者沙汰《うじのちようじやさた》の建築工事の大工は京都の官僚建築家であり、寺家《じけ》沙汰の工事の大工は寺の専属工匠であり、公家《くげ》沙汰は、実質的には国々に課して造営させるのであるが、国司は専属の工匠をもたないので、建物によって京下工・官行事所工・寺工を大工に任じている。このことは、当時の建築界の常識的なことがらであるが、これによって、建物ごとにある程度様式的な差が生ずる場合が予想される。

一二世紀における京都の建築様式をはっきりと知ることはむずかしいが、京都から一一八〇年ごろに浄瑠璃寺《じようるりじ》に移したという浄瑠璃寺三重塔、一一九四年の石山寺多《いしやまでらた》宝塔《ほうとう》、それに興福寺三重塔とたどってくれば、その概略の様相は知られよう。

一方、奈良における遺構はなお少ないが、一一六一年の当麻《たいま》寺曼荼羅堂《でらまんだらどう》、一二一〇年の北円堂、一二一九年の法隆寺絵《ほうりゆうじえ》殿舎利《でんしやり》殿《でん》とたどれば、それらが、前三者と違った、天平の余影をたぶんに残すものであることは知られよう。

これらから、一二世紀の建築界に、京都風と奈良風との流派的な二つの流れを認めることは、そう大胆な推測ではあるまい。それを担うものは一方では京都の官僚建築家群であり、一方では南都の寺工たちであったろう。これは彫刻界における京仏師・南都仏師に比定すべきもので、官行事所の工人はおそらくその中間的存在であろう。

もし鎌倉再建の興福寺堂塔が、そのまま現存していたならば、これら造営費の担当者と工匠との関係が、いかにでき上がった建築の様式に影響しているかをつかむことができるのであるが、残念ながら、それは不可能である。ただ、上述のように、同じ寺に、同じころ建てられた三重塔と北円堂の様式の差は、ここに起因するのではないかという想像は可能であろう。

氏長者沙汰で、官の工匠が担当した堂宇は、もっとも京都的であったろうし、寺家沙汰で寺工が建てた堂塔は、奈良的であったろう。現在の東金堂はその後、二回も焼けて、一四一五年の再建であるが、鎌倉再建のとき、寺家沙汰として建てられていることは、現存の建物が天平の伝統を強く伝えていることと無関係ではなかろう。

想像をたくましくすれば、皇嘉門院御願の三重塔は氏長者あるいは公家沙汰として、官の工人の手になったものではあるまいか。一方北円堂のほうは寺工延時と官行事所工友成の手になっており、このほうが天平的なものをもつのは当然のことと思われる。

興福寺においても、平安時代の造営例でみると、大工は必ずしも寺専属の工人ではなく、京都下向の官僚建築家によって建てられている。それが鎌倉再建のときには、寺工の占める比重が大きくなったのは、寺側の資力によって造営された堂宇に、寺側の発言権が強く、その意向が反映されたからにほかならない。そして、一三世紀中ごろの史料に出てくる工匠は名まえからみると興福寺再建時の寺工の系統を引くものであり、かれらが奈良建築界の中心的存在であったことは、かれらによって建築された多くの遺構から認められることである。

このような興福寺側の造営事情に対して東大寺のほうはどうであったろうか。東大寺再建の工匠は桜島国宗《さくらじまくにむね》、物部為里《もののべためさと》である。かれらの系統はそれ以前の史料にはまったくあらわれていない。おそらく、無名の人たちであったのだろう。それをとくに起用し、新しい様式を輸入したのは、重源《ちょうげん》個人の意志であったと考えざるをえない。東大寺は興福寺が朝廷、藤原氏の援助と、寺の力とによって再建していったのに対し、造営の経済的基礎は知行国制《ちぎょうこくせい》と勧進《かんじん》とであった。知行国制は他の寺でもみられるもので、とくに目新しい制度ではないが、重源が国司となり、いっさいの権限を任されたところに、その造営の特質がみられる。

東大寺の造営には頼朝の援助が大きい。一一九五年の供養に際し、頼朝みずからこの行事に参加していることからも、かれが平家が焼いたこの寺の再興に力をいたし、それによって人心をつかもうとはかったことを知ることができる。

源氏は新興の勢力であったから、旧来の様式にとらわれることはなかったろう。建築の面では頼朝がどのような気持であったか知る史料がないが、彫刻の面でいえば一一八五年鎌倉勝長寿院《しょうちょうじゅいん》の造仏にあたり、奈良仏師の第一人者成朝を招いているから、京仏師よりも奈良仏師のほうに傾いていたことを知りうるし、少なくとも、東大寺再建の後援者として、旧様式を守れとの指令は出さなかったにちがいない。そこに、重源の意志を拘束するものはまったくなかったであろう。

重源はこの工事にあたるに際し、新しく工匠を選んだという。「法然上人絵伝《ほうねんしょうにんえでん》」に、

治承の逆乱に、南都東大寺焼失のあひだ、このひじりをもちて、大勧進の職に補せらるる。すでに造営を企つるころ、工の器用をえらばんために、ある番匠を召して、屋をつくらんとおもふに、たるきの下に木舞をうたん事、いかがあるべきととひ給に、番匠さる屋づくり、いまだ見及候はずと申しけるを、おもふやうあり、ただつくれといはれければ、あるまじき事しいでて、傍輩にわらはれんこと、いとよしなきわざに侍りと申す。あまたの番匠みなさやうにのみ申ける中に、一人領掌するあり、かかる屋、日ごろつくりたることありやととひ給ふに、さる事は侍らねど、なにともをしへ給はんままにこそ、つくり心み侍らめと申ければ、その時まことそのままにつくらんことにはあらず、ただ心のほどをしらんためにいひつるなりとて、すなはち、かれを大工として、東大寺をばつくりたてられけるとなん。

と記されているが、おそらく、この話は真実を伝えたものであろう。そうでなければ、どのような基礎的条件のうえに立っても、あれだけ違った様式を用いるということは、まず不可能と思われるからである。そして、物部・桜島という工匠たちが、それまでまったく

知られていなかった人々であるという点も、これを裏づけるものといえよう。

工匠と様式

ここで少しく、古代建築造営に関する組織の面をふりかえってみたい。

奈良から平安初期の律令制《りつりょうせい》時代の木工大工は朝廷における最高の技術者であった。大工は一年間の建設事業の計画もしたし、寺院造営の総監督でもあった。しかし、律令制の衰退に伴い、造営は成功《じょうこう》・栄爵《えいしゃく》にたよるようになった。天皇の勅願でも中央政府の予算で造営されるのではなく、受領《ずりょう》たちの力によって実際の経費はまかなわれた。

もちろん、受領たちが高級技術者をかかえているわけではないから、技術者には木工寮や修理職《すりしき》の大少工が迎えられたが、寺院の造営は多くの国に分けてつくられたから、一人で造営の全体を設計監督するのではなかった。たとえば法成寺《ほうじょうじ》(一〇二二)の造営のとき金堂は木工大工常道茂安で、五大堂は修理大工伊香豊高が担当したように、工匠は一つの堂の責任者でしかなかった。またかれらは木工の棟梁《とうりょう》でしかなく、瓦大工《かわらだいく》や壁大工がかれらのほかにいた。

それでは造営の全体の計画者はいったいだれになるのだろうか。一二世紀の鳥羽《とば》勝光《しょうこう》明院《みょういん》の造営過程は『長秋記《ちょうしゅうき》』に詳しく記されているが、それによると、鳥羽院御願のこの堂の意匠については、院とその近臣たちの意向が強く働いていることがわかる。大工はその意向をうけて、それを技術的にまとめ上げる技術者であり、プランナーではなくなってしまっている。建てようとする建築の様式を定めるのは工匠たちではなかった。

このような状態であったから、東大寺の再建にあたっても、ただ一人の実力者、重源の思うままに様式を変えることができたのであった。

同じときの再建で様式が違うのは興福寺だけではなかった。東大寺でも一二〇〇年ごろの南大門・開山堂と、一二一〇年ごろの鐘楼とではかなり違っている。

鐘楼は太い丸みのある虹梁、木鼻の形などは大仏様の嫡流であることを示すが、大きな軒反り《のきぞ》、左右に広がりのある組物は後の禅宗建築に用いられた手法である。このような新手法が採用されたのは、大勧進の重源が一二〇六年に死んで、栄西がその跡を継いだからであろう。栄西は禅宗を伝え、京都に建仁寺を開いたが、おそらくかれは後のいわゆる禅宗様の一部を伝えたものであろう。ここにも造営者の建築様式に与えた影響をみることができる。

彫刻界では一一世紀の定朝以後、子弟関係がはっきりしてくるが、建築界でも、やや遅れて一二世紀には親子あるいは子弟といった工匠グループが史上にあらわれてくる。これは律令制下にはまったくなかったことで、当時の建築界の大きな特色の一つといってよかろう。

鎌倉再建のとき、興福寺には工匠たちの座として、官行事座と寺座の二つの座が存在していた。この座がはたしてそれぞれ単一の血縁関係者でできていたかどうか明らかでないが、純粋な登用制でなかったと考えてさしつかえなかろう。

このような制度は東大寺でも同様であったろう。新人工匠の登用ということは、大仏殿以下の再建という非常事態にあたったため可能なのであった。その仕事がほぼ終るころとなれば、それ以前から実力をもっていた血縁グループから反撃を買うのは当然のことであったろう。物部や桜島が治承以前から東大寺の工匠のうちにいたとしても、その登用は彫刻における運慶の立場とは違っていた。

かれらの登用は新様式採用のための非常手段だったのである。かれらの子孫が一三世紀中ごろの奈良にはまったくあらわれず、鳳凰堂・法勝寺《ほっしょうじ》といった京都の工事に参加し、また東福寺に住みついたらしいことは、重源も死んでしまい、東大寺の仕事も少なくなると、従来からの工匠に追われるにいたったことを物語るものであろう。

この点は運慶らと運命を異にするところであり、それはまた大仏様の特異さのもたらした、一つの帰結でもあったろう。もし建築界に運慶・快慶にあたる人を求めるとすれば、それは興福寺の寺工の系統をひく南都和様に属する人々のうちに求むべきであろう。

七　和様と宋様

型破りの阿弥陀堂

兵庫県加古川《かこがわ》の上流、小野市の市街から五kmほど離れた台地の上に、浄土寺がある。夏草がおい茂り、訪れる人も稀な、うらぶれた寺域に、薬師堂と浄土堂とが東西に相対してひっそりと建っている。ここ浄土寺は東大寺再建を畢生の事業とした俊乗房重源《しゅんじょうぼうちょうげん》が、各地に建てた念仏の道場の一つで、浄土堂は重源建立のまま現存し、彼がもたらした宋の建築様式をそのまま今日に伝えている。

浄土堂を訪れた人は、その余りにも異様な姿に驚かされる。あらゆる点で日本建築の型を破っているからである。おそらく、その驚きは今日のわれわれよりも、当時の人々の方がずっと激しかったろう。

方三間といえば、一般の阿弥陀堂《あみだどう》の形式である。が、この堂の柱間は六m（二〇尺）という普通の倍の広さで、中央の間も脇の間も同じという、仏堂建築の常識を破っている。

軒高は低く、軒先は一直線で反りがなく、屋根の流れの垂《たる》みもない。

近づいて見れば、柱上にあるはずの肘木《ひじき》は柱に挿し込まれ、それが何重にも逓出し、皿《さら》斗《と》つきの斗《ます》、グリグリの繰形《くりかた》をもった木鼻《きばな》が異様感を一層強める。

扉をあければ、アッと驚くばかりの、五m余の金色の丈六《じょうろく》立像が人を圧するばかりに立っている。天井は張られず、屋根裏は屋頂まで見え、四天柱から八方に掛けられた太い丸い虹梁《こうりょう》はたくましい構架の美を示している。眼を後方に向ければ、なんと、背面はすべて蔀戸《しとみど》で開け放てるようになっている。

仏堂として、こんな型破りのものは、ほかに一つもない。一体だれが、なぜこんなものを造ったのだろうか。

本尊の阿弥陀三尊立像は丈六の巨像である。阿弥陀像は平安後期、大変数多く造られているが、現存のもので見ると、坐像が九割を占め、立像は一割しかない。坐像だと丈六仏といってもその高さは半分の八尺だから、それほど大きくは感じない。大きい方の平等院鳳凰堂の阿弥陀も、像高は三mに満たない。したがって像からうける威圧感はなく、慈悲の温容をもって、前にぬかずく人間をやさしく包容してくれる。その感じが阿弥陀像造像のねらいであったろう。立像の場合は三尺程度のものが一般的だったから、その受ける感じは坐像よりもむしろ弱々しかった。

当時の仏教建築界を見ると、奈良の仏堂を除けば、大きな彫像を安置している堂は少ない。もちろん、法成寺《ほうじょうじ》や法勝寺《ほっしょうじ》の三丈二尺の大日如来と二丈の四仏などはあるが、いまここで取り上げている浄土寺は、そうした朝廷や藤原氏が全力を挙げて造立した大寺院とは違う。それは重源が念仏を拡めたい、東大寺領の庄民の人たちも、念仏によって彼岸《ひがん》に往生させたいという、「寺」とまでゆかない小道場に過ぎない。その本尊が唐招提寺《とうしょうだいじ》の千手観音と同じ、五m余の巨像なのである。そこに、ただ大きいだけでなく、特殊な事情が考えられよう。

重源は浄土寺の弥陀三尊と同じような巨像を伊賀新大仏寺にも造っている。いまは頭部と台座だけが当時のもので、胴は坐像になっているが、もと立像だったことは、重源の事績を記した『南無阿弥陀仏作善集《さぜんしゅう》』に、「皆金色弥陀三尊来迎《らいごう》立像一体、ならびに観音勢至各丈六を安置し奉る」と書かれているのでわかる。

重源は宋に渡って、寺々を巡拝したとき、多くの弥陀の立像を見たのであろう。それは現存のシナ建築から見ると、いずれも相当な巨像であったと思われる。

険しい山々をめぐり、行《ぎょう》をつんで来た重源にとって、藤原時代末の阿弥陀坐像はあまりにも優しすぎた。彼の信じ、礼拝する弥陀は大衆を救う、もっと力強いものであった。多くの人々が堂内に坐し、念仏を唱するとき、毅然として、その中央に立つ弥陀でなければならなかった。日本に帰って、いつの日か、こういった阿弥陀仏を造り、浄土堂を建てようと、重源は画家に命じて、その像姿を写しとっていた。『作善集』の東大寺別所の項には「播磨ならびに伊賀の丈六の本様（手本）となし奉る画像の阿弥陀三尊一鋪」があり、それには「唐筆」と記されている。

重源が初めて播磨大部庄《おおべのしょう》を訪れたのは、いつのことか明らかでない。それは周防への木材採取の帰りででもあったろうか。

大部庄の北端、鹿野原と呼ばれたところは一段高い台地で、西はすぐ崖になり、下には広々とした賀東《かとう》の原野が拡がっている。原野の西端に近く、加古川が流れ、その向うは低い丘陵となって南北に延びている。一一四七年（久安三）東大寺領となった大部庄は二百数十町の広さを持ち、東大寺領のうちでも屈指の庄園であったが、その経営はかならずしも順調でなく、折角の平野も薄《すすき》が原と化していた。この原野の開発を進め、寺領の実を挙げることは、東大寺の再建を委ねられた重源にとって、重要な課題の一つであった。

台地の西端に立って、沈みゆく秋の入り日を眺めていた重源の目に、忽然《こつぜん》として真赤な太陽を背にし、雲に乗じた弥陀の来迎《らいごう》の姿が現われた。それは宋で見、画家に写させて来た弥陀来迎の姿そのままであった。東大寺は大仏の鋳造を終わったとはいえ、大仏殿はまだようやく上棟《じょうとう》の運びになったばかりで、いそがしい さ中ではあったが、重源は大部庄経営の中心として、そしてまた大部庄民の救いのためにも、阿弥陀堂造立の決心を固めた。

そのころ、すでに浄土教に深く帰依し、重源の提唱する阿弥陀号をつけて、安阿弥陀仏《あんなみだぶつ》と号していた奈良の仏師快慶に重源はその彫刻を依頼し、宋から持ち帰った画像を手本として与えたが、特に重源はその台座を雲の形に造るよう命じた。

建築の方は大仏殿の再建に惣大工の責任を負っている宋人陳和卿《ちんなけい》に頼み、宋風によることを命じた。しかし、その設計の基本は重源の案によるものであった。丈六の立像を安置する堂を作るとすれば、かなりの大堂が考えられる。しかし、当時はなお東大寺再建の緒についたばかりであり、経済的にはすこぶる苦しい状態にあった。

重源自身は平安末の阿弥陀堂に大きな不満を持っていた。当時の阿弥陀堂は極楽世界をこの世に現出させ、そのうちにぬかずいて、みずからも極楽に往生したかのような幻覚に入ることを目的としていた。そのために、堂の内部は絵画や工芸で飾り立てられていた。そしてそのうちに入れる人は、それを造立した貴族たちだけだった。傾きゆく貴族の世界、それから逃避しようとする人々の、いわば観念的な遊戯の場であった。庶民はそれを遠くから拝するのがせい一杯だった。苦しい庶民の生活、その人々の救いには全く無縁のものであった。

永い間諸国を行脚《あんぎゃ》し、庶民の救いを念願としていた重源はこれを苦々しいことと思っていた。

本尊は力強い大きいものでなければならない。しかし、堂はこれを容れるだけのものであればいい。ただし、そのうちには多くの人々がはいれて、本尊を拝めるものでなければならない。阿弥陀堂の一般形式を踏んで一間《いっけん》四面《しめん》堂《どう》（方三間）とするが、内陣の四天柱の間隔は像の大きさから自然決ってくる。そして、それを取りまく外陣の広さは参拝の人を考えてできるだけ広くしなければならない。方三間各柱間二〇尺という異様な平面はこうして決められた。

堂の背面は壁となるのが普通である。しかし、重源は仏像の背面を壁にし、そこに絵を描くかわりに、背面全部を蔀戸として、あけ放てるようにした。西山への入り日を後光に背負った来迎の弥陀を現出させるためである。そこには絵画も工芸もいらない。それにもまして、美しい自然が、弥陀来迎の姿を眼前に現わしてくれるからである。

堂の高さも丈六の弥陀を安置できる高さがあればよい。天井を張らなければ、その高さは極端に切りつめられる。三尊を安置するための四天柱、周囲の礼拝《らいはい》・念仏のための空間を覆うための四方の一二本の側柱、その間は太い虹梁で繫がれ、適宜に束を立てて桁をおき、垂木《たるき》を載せる。

仏のための空間である四天柱内部と、人間のための空間である周囲の庇《ひさし》との間には、天井の構成上の差が必ずあった。今はそれもいらない。ただ必要なのは丈六仏のための高さと、礼拝する人のための広さだけであった。だから、その間には自然にできる天井の高さの差はあっても、母屋《もや》・庇の空間構成上の差はない。拡げられた大きな傘《かさ》、その下に一体となった仏と人間。ただそれだけの空間であった。

まっすぐな垂木、屋根瓦は裏板の上にすぐ葺《ふ》かれる。したがって、屋根の垂みはない。

軒先も一直線で反《そ》っていない。しかも垂木の鼻には板を張っている。軒の反りはシナ系建築の大きな特徴の一つである。垂木の鼻は軒先を飾るものであった。それさえもここでは否定されている。垂木の鼻を隠せば、垂木の大きさが少しぐらい不揃いでもかまわない。垂木も軒も直線だから、工作はすこぶる簡単である。隅は垂木を宋風により放射状にした方が、構造上有利である。すべては簡易化され、構造の必然性から決定されている。

大原談義のとき、重源は「秦太瓶《じんたがめ》（そまつな瓶）一つなりとも執心とまらんものは捨つべしとこそ心得て候へ」といっている。彼にとって必要なのは丈六の弥陀と、これを風雨から守る覆屋だけであった。

こうした意味からいえば、斗《ます》の皿斗《さらと》、貫《ぬき》の木鼻などの装飾的細部は、むしろ不本意なものであったろう。それは陳和卿の伝えた宋建築をつくるという意味で、止むをえず同意したものかもしれない。

あるいは、思いすごしかもしれないが、挿肘木《さしひじき》・皿斗・木鼻といった、それまでにない細部を導入することによって、この堂の異様感を一層高めようとしたのかもしれない。

このように見てくると、重源の伝えたいわゆる大仏様《だいぶつよう》（天竺様）は決して、宋にあった建築そのものではなくて、重源自身の考えが多く入っていることがわかる。大体、シナで軒反りのない建築などあったはずがない。そこに宋様の受容に、重源としての確固たる姿勢があったことを認めなければなるまい。大仏様はその発生の初めにおいて、和様と宋様との折衷様であった。

日本的造型の導入

浄土堂で見た、隅の放射状の垂木配置は宋様の大きな特色である。和様ではすべて平行な垂木配置であるが、大仏様では隅だけ扇垂木《おうぎだるき》となり、禅宗様では中心近くから、扇状配置となる。

扇垂木がなぜできたかといえば、垂木は組物の一番先の丸桁《がぎょう》とよばれる桁《けた》を支点としている。この桁は組物で支えられているから、垂木にかかる屋根の重量は垂木から丸桁へ、さらに組物を通して柱に伝えられる。ところが、隅の丸桁の交点より先の方は平行な垂木にすると、この部分の垂木（配付垂木《はいつけだるき》という）は隅木《すみぎ》に打ちつけ、あるいは挿し込んであるだけだから、荷重はすべて隅木で支えなければならない。垂木はむしろ重荷となるだけで、隅の軒の支えにはならない。したがって、この部分の垂木を放射状にして、丸桁に垂木の元の方が乗るようにすれば、隅の屋根の荷は垂木から丸桁に伝えられる。つまり放射状の垂木は構造の必然から生じたものであり、寄棟造《よせむねづくり》ではおそらく初めから、こうなっていたのだろう。

日本では鎌倉時代に宋様が伝えられ扇垂木が初めて行なわれたとするのが昔の説であったが、四天王寺の発掘で、奈良時代と考えられる講堂の軒が地上に落ちて埋っており、そ

Ⅶ－1　平行垂木（明王院本堂）〈広島県〉

れが扇垂木であることから、やはり古くから日本にも扇垂木があったことが判明した。では、日本ではなぜ平行垂木が一般で、扇垂木が使われなかったのだろうか。現存する平安時代までの建築は五十余を数えるが、一つとして扇垂木のものはない。

これについて、私は次のように考える。

庶民の竪穴などを除いた日本の貴族階級の建築、それは六―八世紀のシナ建築伝来以前は切妻造《きりづまづくり》であった。それは五世紀ころの様式を伝えると思われる神社建築がすべて切妻造であることから考えられる。また奈良時代の言葉に真屋《まや》と東屋《あずまや》（四阿）というのがある。マヤは切妻造で、アズマヤは寄棟造、あるいは入母屋造である。おそらく真屋は真綿などと同じく、「ほんとうの」という意味であろう。アズマヤは東国の、田舎風のといった意

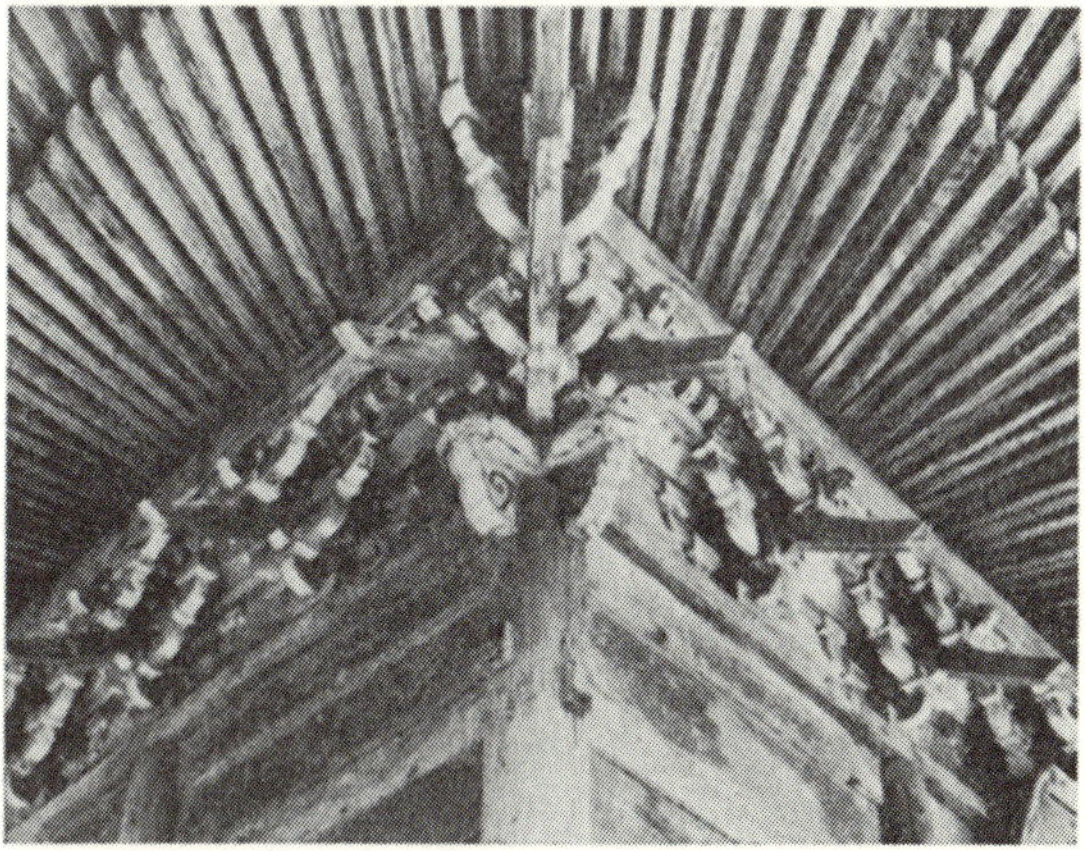

Ⅶ−2　扇垂木（信光明寺観音堂）〈愛知県〉

味であろう。これから見ると、マヤの方がアズマヤより上位の建物の屋根だということになる。

ところが、奈良時代の仏教建築を見ると、寄棟・入母屋が金堂・講堂などの上等な建物に用いられ、切妻は従属的なものに用いられている。『唐令』に「宮殿みな四阿」というように、シナ建築では切妻よりも寄棟を重んじていた。

このような言葉と実状との食い違いは、言葉の方は前代以来のものが残ったためと解されよう。

さて、そこで切妻造だったら垂木は当然平行となる。先に述べたように、扇垂木は隅の構造から必然的に発生したものであり、それは寄棟や入母屋でなければ不要なものだからである。四—五世紀までの日本の建築は切妻造で、平行な、直線の垂木が使われていた。そこで培《つちか》われて来た日本人の軒に対する感覚、それはシナ建築が入って来ても、なかなか一掃しきれるものではなかった。シナ建築輸入の最盛期である七世紀の後半にできた法隆寺の金堂・五重塔が直線の平行垂木であるのは、四―五世紀以来の日本建築の伝統をうけついだものであろう。扇垂木が入って来ても、それは日本の造型感覚に合致しないということで、ごく一部にしか使われなかったのであろう。

それから四百年たって、重源により再び隅の扇垂木が日本に伝えられる。重源の場合は装飾のない、合理的な構造美を目指していたから、この隅の扇垂木の採用はごく自然である。とくに、平安時代に発達した化粧垂木の上に、野小屋《のごや》をつくり、屋根面は上に重複して造られた野垂木《のだるき》により支えられる和様の構造をとらず、化粧垂木の上に張られた板、そのすぐ上に瓦をふいているのだから、なおさらこの構造によることが望ましい。(ただし大仏様の扇垂木は関口欣也の指摘するように、隅の先のところだけで、扇垂木の構造のほんとうの意味はわかっていないようにみえる)

扇垂木は東大寺その他に用いられても、どこもこれを真似しなかった。大仏様の他の手法、貫《ぬき》の多用・挿肘木《さしひじき》・皿斗《さらと》・木鼻《きばな》・桟唐戸《さんからと》・円い虹梁《こうりょう》・二斗《ふたつと》・鼻隠板《はなかくしいた》などがいずれも和様のうちに入っているのに、これだけは全然用いられない。重源没後すぐ建てられ、大仏様の色濃い東大寺鐘楼も、大仏様によったと思われる東福寺三門も、また鎌倉再建大仏殿の様式をかなり伝えたと思われる元禄再建の東大寺大仏殿も、この隅の扇垂木だけは採用していない。平行な垂木で中央からずっときて、隅のわずかなところだけ放射状になる。その急激な変化が、平行線の美の平衡を破るものとして、乱れとしてしか感じられなかったからであろう。たとえそれが構造上、合理的であることがわかっても、安定した軒裏の感じを破るものとして棄て去られたのであろう。

では、禅宗様の場合はどうだったろう。禅宗様では隅だけ放射状というのはない。並べ方に多少の差はあるが、中心近くから全部を放射状にする。これは宋土伝来のものだったろうか。最近宋・元ころの建築がかなりシナで発見されているから、あまりはっきり断言はできないが、現存のものからいうと、シナ建築は隅だけ放射状で、中央から扇になっているものはない。これは放射状垂木が、丸桁の交点より隅のところの構造上の弱点に備えたものであるから、当然のことである。中まで放射状にする構造上の必要性は全くない。シナでは漢時代以来、ずっとこの隅の扇垂木が引続き行なわれていた。（この点につき、飯田須賀斯は漢時代扇垂木だったのが、唐時代に二軒になって平行垂木となり、後にまた扇になったとするが、私は村田治郎説のように、唐でも扇垂木だったと考えている）

禅宗様の場合、大仏様とはその受容の態度に大きな差がある。第一、重源ら平安末に入宋した僧侶たちは罪障消滅を願って、聖蹟を巡拝するのを目的とした。しかし、鎌倉時代の入宋僧は法を求め、伝えることを目的としている。その結果として禅宗が伝来するのであるが、彼らは教義だけでなく、行事作法のすべてにわたって宋風を輸入した。

たとえば曹洞禅の祖となった道元は、宇治興聖禅寺の僧堂を建てるに当たり、「震旦《しんたん》の仏寺は天竺僧院を写せり。日本の精舎《しょうじゃ》もまたかれを学ぶべし」といっている。

鎌倉時代の初め帰朝し、泉涌寺《せんにゅうじ》を建て、律を興した俊芿《しゅんじょう》は「興隆仏法、正法久住はまさに伽藍の布置範によるにあり」と建築の重要性を説き、「泉涌寺殿堂房寮色目」で一つ一つ堂宇の説明をし、「大唐の諸寺みなかくの如し」といっている。俊芿の伝記に「大宋の儀を親しく模するは、この一寺のみ」と記していることも、宋建築の直写を尊んだ当時の状勢を物語る。

重源の場合には、こうした宗教面からの制約は何もない。彼の考えによって、どうにでもなることであった。重源が建てた浄土寺浄土堂・東大寺南大門（口絵参照）・同開山堂・醍醐寺経蔵などが大仏様の代表とされるものであるが、大仏様には制式がないといわれるように、それぞれ違っている。

それに対して禅宗建築の方は、年代と場所が違っても、いずれも非常によく似ている。ということは、それが宋建築そのままであるかどうかは別としても、宋建築そのままであると信じられ、守られて来た結果に外ならない。南北朝の初め、天竜寺ができたとき、夢《む》窓疎石《そうそせき》は「扶桑を動かずして大唐を見る」（日本に居ながらにして宋が見られる）といっている。宋の直写がいかに尊ばれたかがわかるであろう。

こうした状勢の下での宋建築輸入であるから、できるだけ、宋そのままでなければならない。しかし、数百年にわたって培われて来た日本人の造型感覚はやはり輸入に当たって、かなりの抵抗を見せたであろう。禅宗仏殿でも、古いものほど中央に垂木の平行な部分が多い。それが後には完全に中央から全面的な扇垂木になるのは、隅で急に垂木の配列が壊れるのを嫌って、放射状配置を全部に及ぼし、扇垂木を採用しながら、整備感を与えるよう、日本人工匠が苦心考案したものではないだろうか。

もし、宋にこうした配列のものがあって、これが日本の独創でなかったにしても、宋では隅の扇垂木が一般であるのだから、両方入ったはずである。それなのに隅の扇垂木を捨てて、全面扇垂木に向ったというのは、同じような理由であったと考えられる。

細部の洗練と整備感、それは日本建築の大きな特徴であった。その例として、斗《ます》の配置を挙げよう。薬師寺東塔の組物は肘《ひじ》木《き》の先だけに斗をおいている。ところが、唐招提寺の金堂になると、一手先目の上に斗が入る。そして平安時代になると、ずっと斗が下から上へ三つ列ぶ。浄土寺浄土堂の組物と、東大寺南大門の場合でもこれは同様である。そして、禅宗様の場合も、正面からは隠れていてよくわからないが、前方に出た組物をとって、壁付の組物で見ると、二段目の肘木の上には中央と肘木の先だけにしか斗がない。ところがこれも後になると、斗が五つ列んで、下の斗のあるところの上には必ず斗が乗るようになる。これらは構造的には全く意味のないことだから、日本人の感覚として、整然と列んだ方を好んだのだとしか思えない。
宋様式直写を念願としていた禅宗建築の場合でも、そこにはやはり日本的造型の導入があった。

空間構成の発展

古代の仏堂は母屋と庇からなっていた。中央の仏を安置してあるところが母屋で、周囲一間通りが庇である。庇の天井は垂木を現わした化粧屋根裏か、天井を張っても母屋の天井よりはずっと低く張る。母屋と庇の間には柱が立ち並び、間に仕切はないが、空間としてははっきり区別されている。

母屋は仏のための空間であり、庇は人間のための空間である。しかし、庇は人間のための場所だといっても、今日のように、自由に、いつも入れるところではなかった。平安時代の法隆寺で見ると、住職が新たに任命されたときだけ金堂内に入っている。だから古代仏堂の母屋も庇も仏のための空間だといった方が正確である。

法隆寺金堂の裳階《もこし》だとか、唐招提寺金堂の前面の吹放し部だとかは、人間のためのものといってよかろう。奈良時代金堂の前面が吹放しになっているのは、回廊に連なるというためのものだけでなく、人間のための座をここに設けたと解することができよう。儀式は前庭を使う庭儀だったから、金堂内に入る必要はない。中門・回廊などは単なる廊下・門

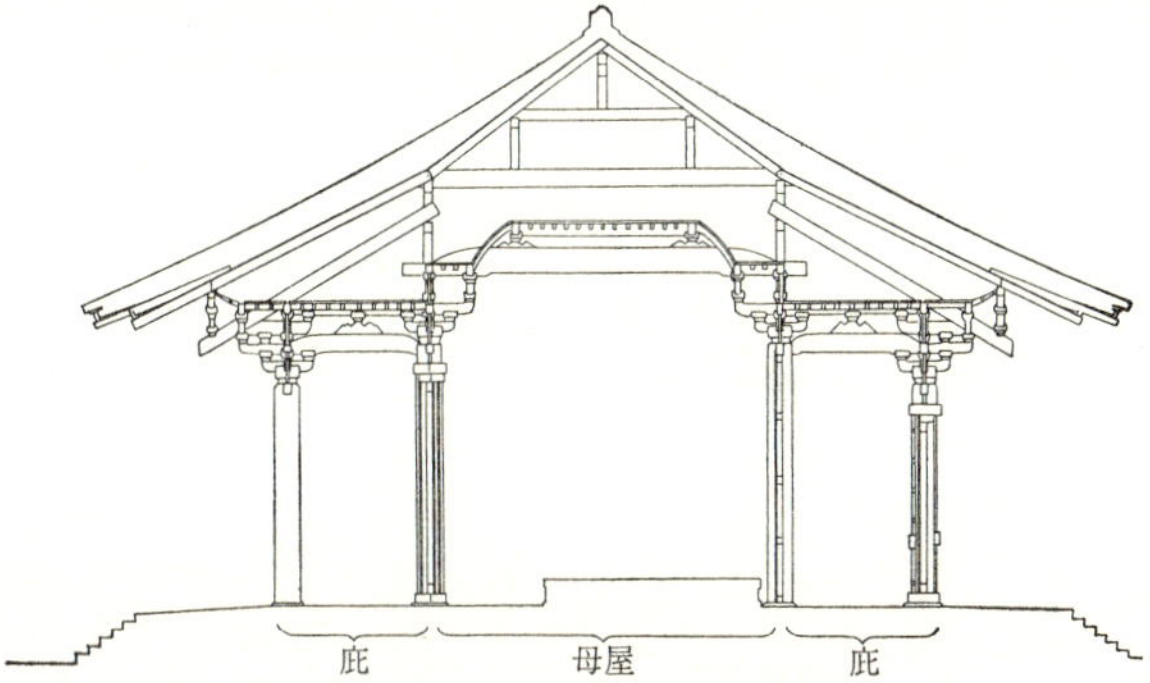

Ⅶ-3　母屋と庇（唐招提寺金堂断面）

という機能だけを持ったものではなく、行事のときの人の座でもあった。

これは神社で見ると、もっとはっきりする。神社本殿の内には神主といえども入れない。祭事はすべて前庭で行なわれる。このため、お供えをし、祭のための場所として本殿の前に庇が付加され、神明造《しんめいづくり》から流造《ながれづくり》が発生する。前に延ばされた庇は、階段が濡れるのを防ぐためだけのものではない。そしてさらには拝殿も造られる。

仏堂で拝殿に対応するものは礼堂《らいどう》である。礼堂が独立に金堂（正堂）前に設けられた例は奈良時代からある。双堂《ならびどう》といわれるものがこれで、法隆寺食堂《じきどう》・細殿《ほそどの》にその形を見ることができる。双堂の軒は相接するばかりになるが、雨は両堂の間に落ちる。これを樋《とい》で受ければ神社の八幡造《はちまんづくり》のような形になるが、雨仕舞《あまじまい》がよくない。東大寺の法華堂は正堂と礼堂との間に、最初樋をかけていたが、後には棟を前後に通して、両堂の間を覆ってしまっている。すでにある堂の改造なら、こうした経過をとるだろうが、新しく建てるのなら、なにもこんな形にする必要はない。正堂も礼堂も、大きな一つの屋根の下に納めてしまえばよい。こうして奥行の深い密教本堂の形ができ上がる。そして、名称も金堂から本堂へと移ってしまう。もちろん、その内部は正堂と礼堂との間に仕切がつくられ、内陣《ないじん》と外陣《げじん》とに分かれる。

独立して建てられていた礼堂が、取りこまれて大きな本堂を造るようになった名残りを示すものに、礼堂内部の構造がある。東大寺の法華堂礼堂が正堂とは別の寄棟造屋根をもち、その結果、内部も寄棟型の化粧屋根裏を見せているのと同様の形をしたものが他にも残っている。たとえば長寿寺本堂や、石手寺本堂などがそれである。屋根は大きく正堂・礼堂を含んで造られているのだから、礼堂にこのような天井を造る必要はない。それなの

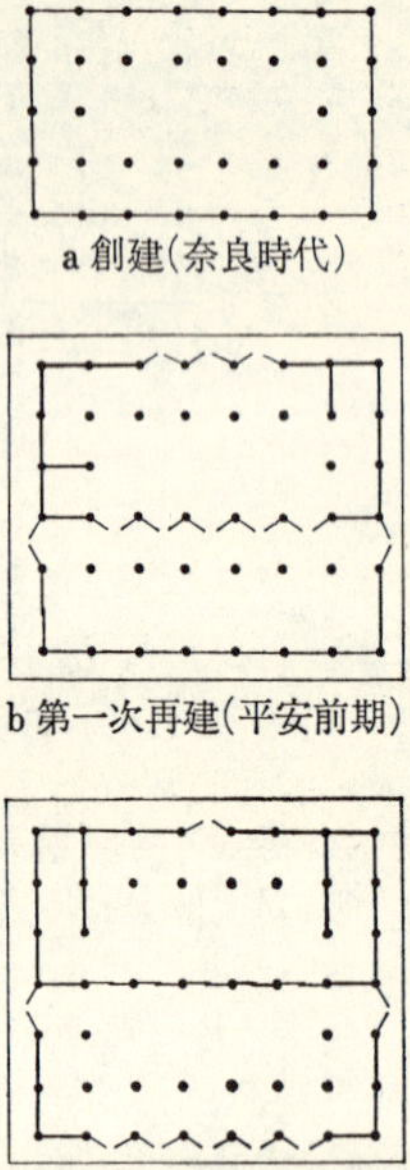

a 創建(奈良時代)

b 第一次再建(平安前期)

c 第二次再建(平安後期 永暦2年)

Ⅶ－4　当麻寺曼荼羅堂平面の変遷

に独立したかのごとく造られているのは、それがもと別棟だったことの名残りである。

人間の座としての礼堂はしかし、独立の建物として設けられるものだけではなかった。金堂の前に、さらに庇をつけて足して、そこを礼拝の場とすることもできる。その方が、造るのも簡単である。

当麻寺《たいまでら》の本堂（曼荼羅堂《まんだらどう》）で見ると、初めは梁行（奥行）四間の古代的平面であったが、平安時代に庇をつけている。母屋と庇の外につく庇であるから、普通、孫庇《まごびさし》と呼ばれるものである。その構造は、室生寺《むろうじ》金堂のような形と推定される。

孫庇を礼堂としたとき、困るのはそう広くとれないことであった。だから当麻寺では本来、正堂の一番前の柱列にあったと思われる扉が一間奥へ入って、母屋柱のところに後退している。しかし、これでも礼堂が狭くなった。そこでさらに前方に延ばすことになる。そんなことはすこぶる簡単だ。もう一間分前に孫庇を延ばせばいいではないか、と皆さんは思うだろう。

もう一間延ばすことは不可能ではない。しかし、庇の柱列、孫庇の柱列と、柱ばかりが礼堂内に列んでしまう。柱を抜くことだって、構造的には可能なのだが、昔の人の建築の考え方は、母屋・庇・孫庇があれば、その間には必ず柱がなければならないというものだった。今のように必要な広さをとり、構造はそれに応じて考えるというような柔軟性はない。柱間二間分を梁で支え、柱を抜くのは、母屋だけに許されたことであった。あとはすべて柱を建てなければいけない。そうすると、礼堂内は柱ばかりになってしまう。

そこで考えられたのは、母屋を正堂内だけとしないで、礼堂の方も母屋と庇からなるという考え方である。そうすれば、礼堂のなかに奥行二間の柱のないところがとれる。現在の当麻寺本堂の平面はこのようにして出来上がったのであろう。そしてそれは多くの本堂に採用されている。

いま中世の密教寺院本堂の平面を見ると、長寿寺型・当麻寺型だけではない。むしろ大善寺本堂のようなものが多い。これと前二者との違いは、母屋と庇の間の柱が省略されて、そこに大きな虹梁《こうりょう》を前後にわたし、蟇股《かえるまた》をのせて桁を支え、前半分は庇で垂木をみせた化粧屋根裏、後半分の内陣寄りのところは平らな天井などを張るところにある。

このような梁の使い方による新しい空間構成は古代にはまったく見られないものであった。おそらく最初は母屋と庇との間の柱は略されることなく、したがって大虹梁も使わず、外陣内に柱が建ち並んでいたのだろう。京都の大福光寺本堂などがその例である。西明寺本堂の改造前もそうだったろう。

この母屋・庇間の柱を抜いて、古代的な母屋・庇構成から離脱した形は、何によってできたのだろうか。

いま、一三世紀に伝わって来た禅宗建築を見ると、仏殿ではかならずこの構法をとっている。たとえば円覚寺舎利殿などを見ればよくわかる。前後にわたされた大虹梁の上に束

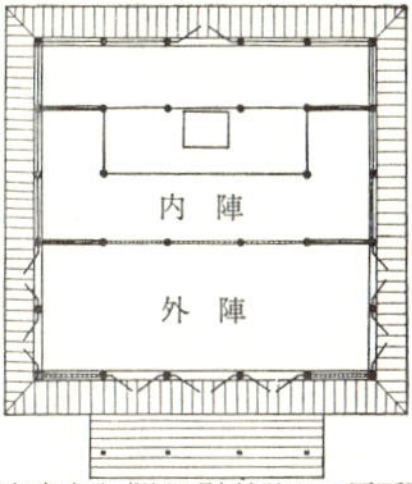

長寿寺本堂〈滋賀県〉外陣及び平面図

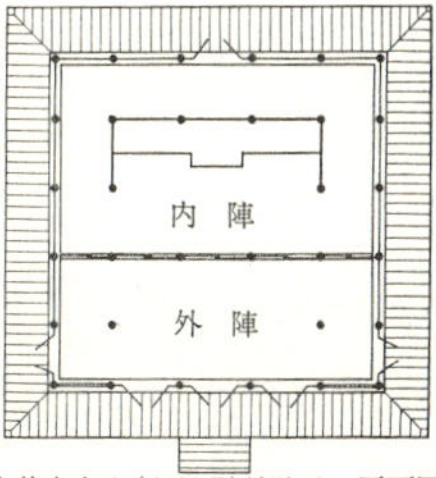

大善寺本堂〈山梨県〉外陣及び平面図

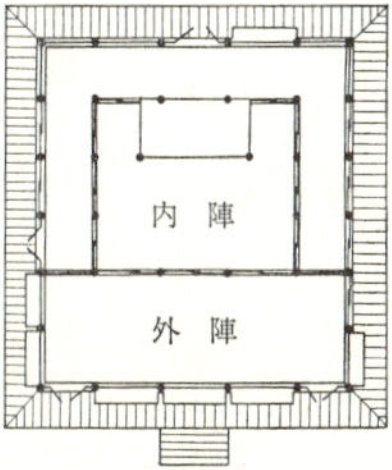

Ⅶ−5　密教本堂（外陣内部と平面図）

霊山寺本堂〈奈良県〉外陣及び平面図

が立ち、その外は庇の化粧屋根裏、内方は母屋で鏡天井《かがみてんじょう》となる。永保寺開山堂では母屋柱四本すべてが略されてしまっている。当然、柱が立つべきところの柱を略し、梁を渡し、束を立てて納めている。母屋と庇の間に、柱を立てなくてもよくなったのである。

これは建築の構造、内部空間の発展から見ると画期的な出来事だった。

それはただ内部が広く使えるという便利さだけではない。構造のもつ新しい構成美を人々の心に植えつけたのであった。

当時の建築の内部空間は、奈良時代の立体的なものから、低い天井を一面に張った平板なものに移りつつあった。格天井《ごうてんじょう》や小組格天井の出現がそれである。といっても、天井は古くからあったのだから、一体どう違うのか、読者にはピンと来ないかもしれない。

奈良時代の仏堂の天井は組入《くみいれ》天井といって、三cmぐらいの角材を一〇cmごとぐらいに組んで、上に板を張ったものであった。この天井の周囲は桁などの構造材である。したがって、この天井は構造材の間を埋めるものであり、虹梁やその上の蟇股《かえるまた》などは天井の下に現われている。

ところが、格天井はそれと違う。上の梁から釣り下げられたもので、構造材はすべてこの天井で隠されてしまう。今日の住宅の天井はみなこれと同じ構造である。小組格天井は格天井の間に細かい組子を入れたもので、構造的には全く同じである。

こうして、唐から伝わって来た、中央に行くに従って高まってゆく立体的な室内空間構成は、低い天井を張った、平明な、穏やかなものへと移りつつあった。イス式から日本風の坐式への転換が、仏堂の空間にもこのような変化を与えたのであった。

このようなとき、宋の建築様式が入ってきた。それは架構のもつ美しさ、面白さを教えた。しかも、それは単なる感覚的なものだけでなく、柱を抜くことによって、設計の自由度を拡大したのであった。

建物の隅のところでは、化粧屋根裏にしようとすれば、建物内で隅木が下から見える。隅木は四五度方向に延びて一間内方の柱上にかかるのだから、隅の柱間は正面も側面も同じでなければならない。しかし、梁上に束を立てて、これを支えていいのなら、前面の庇の柱間を側面より広くとっても、束上に隅木をのせることによって、解決することができる。たとえば松生院《しょうじょういん》本堂（Ⅶ－6図）にみるような技法である。

鎌倉時代の仏教建築界は数の面からいえば密教建築が大部分であった。これらはもとより平安時代以来の和様を基調とする。そして前面に礼堂をつけた、奥行の深い本堂であった。

宋様の教えた新しい構造美は、この礼堂部分で一番よく発揮された。虹梁・蟇股・束・木鼻などを自由に駆使することによって、各種の変化を与えることができる。一三世紀末から現われた折衷様の面白さは、まったく、この架構の変化の妙にある。これを心得て見ないと、中世建築の面白味は理解できない。

Ⅶ−6　松生院本堂外陣構架
（昭和20年焼失）〈和歌山県〉

一三世紀後半に始まった折衷様は、一四世紀を盛期として、一五世紀初めでぱったりとその姿を消す。

新しい様式が輸入されつつあった時代においても、平安以来の平明な表現を主とする建築は引き続き行なわれていた。たとえば霊山《りようせん》寺《じ》本堂に見るように、礼堂一面に小組格天井を張って、架構を全く隠してしまうものもあった。

一方、新来の禅宗建築にしても、三間仏殿では平らな板の鏡天井を張って、内部架構を全く見せないものも、一四世紀には出現している。立体的な空間構成は、再び失われてゆくのである。

八　金閣と銀閣

楼閣建築の発生

　金閣と銀閣の名は、あまりにも有名である。この二つの建物はずっと古くから著名で、室町時代末の京都を描いたいくつかの「洛中洛外図屏風」にも、かならず描かれ、京都名所の一つであった。

　いまでは中世の楼閣建築というと、この二つしかないから、非常に特殊なものに思われがちであるが、室町時代には他にいくつもあった。

　たとえば、苔寺《こけでら》として有名な西芳寺《さいほうじ》には、金閣のある意味では手本となった二階の舎利《しゃり》殿《でん》があり、金閣の隣にも天鏡閣《てんきょうかく》という二重の建物があって、金閣との間は二階の廊下でつながれ、そこを通ると「あたかも虚空《こくう》を歩むに似た」心地がしたという。

　また足利将軍邸では、義持の三条坊門邸や、義教の室町殿にも、銀閣と同じような二重の楼閣である観音殿があった。こうしてみると、楼閣建築を造ることは、足利将軍邸の一つの慣わしだったように見える。

このように、室町時代だといくつかの楼閣建築の例を挙げることができるが、もう少し前の時代になると、意外にその例は少ない。

というと読者は不審に思われるかもしれない。日本で一番古い七世紀の建築である奈良の法隆寺には、二階造の金堂・中門があり、塔は五重なのだから、ずっと古くから、二重以上の建物はあるではないかと。

たしかに、八世紀には五重どころでなく、七重塔が、東大寺を初めとして各国の国分寺に建てられているし、九重塔というのもある。寺ばかりでなく、宮殿で見ても、平安宮には白虎《びゃっこ》・棲鳳《せいほう》両楼がそびえ、正面の応天門《おうてんもん》も二重である。これらは平安神宮に縮小復原されているから、皆さんよく御承知の建物である。にもかかわらず、中世以前には楼閣建築がないといったのは、その建物の機能についていったのである。

五重塔もたしかに上まで登れる。大きな塔、たとえば興福寺の五重塔などでは、かなりしっかりした階段がついていて、容易に上まで登れる。数年前までは拝観料をとって、だれでも登れたから、その塔上から大和平野の眺望を楽しんだ方も多いだろう。

だが、一般の塔では、あんな立派な階段はない。薬師寺の東塔では、階段はあるが、一度初重の屋根の上に出て、それから高欄《こうらん》をまたぎ、扉を開けて二重にはいる。それは修理その他の時の用にあてるための階段で、普通の人が登るためのものではない。

興福寺の五重塔に登ったことのある人なら、すぐわかるだろう。内部は構造材が入り乱れ、部屋として造られていない。もし常時登ることが予想されていたのなら、内部をもう少し綺麗に、部屋として造るはずである。これは金堂や門でも同じで、法隆寺金堂は二階の床さえないことが、断面図を見ればすぐわかる。

それなら、宮城の門や楼はどうだったろうか。『日本後紀』には棲鳳楼について、「棲鳳楼閣道、死人枯骨の連綴するあり、男女を弁ぜず。工匠修理の次、閣上に登りて見著るるなり。」と記している。男女の性別さえわからなくなっていたのだから、死んでから余程たっていたのだろう。何か修理の時でもなければ、だれも登ることがなかったのである。また平安京の南正面に立っていた羅城門《らじょうもん》については『今昔物語』に、盗人が人に見つかるのを恐れて門上に隠れたところ、若い女人の死体から髪をとっている老婆を見た話が載っており、「その上の層《こし》には、死人の骸《むくろ》ぞ多かりける。死したる人の葬ひなど、えなさざるをば、この門の上にぞ置きにける。」と書いている。死体の捨て場なのだから、普通はだれも登らなかったのだろう。

以上、見てきたように、平安時代までの二重以上の建物は、下から「見上げるための高さ」をもった建物で、それに登って「眺望をほしいままにするための高さ」でもなく、また上層内部を「何かに使うための高さ」でもなかった。

これは同じように高い建物であるといっても、その高さのもつ建築的意味は全く違っている。金閣は今では登らしてくれないが、以前は最上層まで上がらしてくれたし、昔の文献で見ると、義政は「閣上において笑談時を移し」たり、最上層の「究竟《きゅうきょう》」の額を見たりなどしているから、上に登ったのである。金閣でも、銀閣でも、内部は最上層まで立派に造られていて、登るための高さをもった建築であることが、よくわかる。

ごく古い時代の楼閣建築としては、まず仁徳天皇の「高台《たかどの》」だとか、雄略天皇の「楼《たか》閣《どの》」などが挙げられよう。これらは、もちろん上に登るための高さをもった建築であるが、二重とか三重とかいう種類のものではなく、多分非常に高い高床《たかゆか》建築だったのだろう。平安時代には鳥羽御堂に「二階上層、四仏をすゑ奉るべし」(『長秋記』)というのがある。これは上に仏像を安置しているのだから、法隆寺金堂式の二階ではない。また「二階釣殿」(『兵範記』)というのもあるから、例が全くないとはいえないが、どうも、そう多くあったとは思えない。

シナでは塔は上に登れるように、立派な階段がついており、たとえば八世紀にできた有名な長安の慈恩寺大雁塔《だいがんとう》などは、唐の岑参の「高適、薛拠とともに、同じく慈恩寺の浮図(塔)に登る」という詩があり、昔から上に登るものであった。この塔に限らず、唐宋の詩文を読めば、黄鶴台《こうかくだい》のように、高い建物に登り、諸方を望んで作ったものが多く見うけられる。

しかし、日本では詩にしても、歌にしても、平安時代までのものには、そうした例を見出すことができない。かえって『大宝令』では「凡そ私の第宅、みな楼閣を起して、人家を臨視するをえざれ。」と規定している。これは京内のことであるから、その基になった『唐令』にもそうした規定があったかもしれないから、余り強くはいえないだろうが、全般的にみて、建物に関する文献や詩文からいって、日本ではシナと違って、その例が非常に少ないということはできよう。

高い所に登って、遠くを眺めたいという願いは、どこの国でも同じだったはずである。しかし、日本では平野といっても、そう広くはない。少し山を登っただけでも、十分全体を望むことができる。京都で清水寺や修学院離宮《しゅがくいんりきゅう》に行けば、このことはすぐわかる。

これに対して、シナは全くの千里の大平原である。近くの山に登ってというわけにはゆかない。しかし、一度高楼に登れば、それこそ千里の眺めを恣にすることができる。両国における楼閣建築の発達の差は、こうした地形的環境によって起ったのだろう。

日本における楼閣建築の発達が中世になってからであり、シナでは楼閣建築が盛んに造られていることを考えると、これはシナの影響と思わなければならない。とすれば、それは禅宗の伝来、それによる禅宗建築の発達と無関係ではありえまい。

そこで目を禅宗建築に移してみると、そこに、南都六宗や天台・真言二宗に見られない上層を使う二重の建物があることに気づく。

現在残っている建物でいえば、禅宗の三門などがそれである。三門の上層は立派な部屋として造られ、観音と十六羅漢などを安置している。これが禅宗三門のきまりであったことは『禅林象器箋』に「三門閣上、必ず十六羅漢像を設く」とあることからわかり、妙心寺・大徳寺・南禅寺なども、みなそうなっている。

三門上層は仏像が安置してあっただけでなく、天竜寺の三門には上皇が登られて「眺望眼界を極め」られ、足利義詮はここに登って、夢《む》窓疎《そうそ》石《せき》から衣《い》鉢《はつ》をうけている。また相国寺では上層で祈雨懺法を行なっている（『天竜寺造営記録』『蔭涼軒日録』）。それは見上げるための高さだけをもった建築ではなかった。

禅宗寺院では、二階の建物は三門だけではない。『建長寺指図』で見ると、法堂は「二階千仏閣」としてある。禅宗では仏殿のように、裳階《もこし》付の建物があるから、もしかすると、裳階付のものを、屋根が二重になっているため二階といったかも知れないという疑いがある。しかし、建長寺法堂の場合は下を拈華堂《ねんげどう》といい、法堂上閣を毘盧《びる》宝閣《ほうかく》といっているのだから、二階上に千仏を安置していたのである（『鎌倉五山記』『扶桑禅刹次第』）。同じように二階の法堂の例としては、東福寺の例もある。これは上層に文殊と五百羅漢を安置していて、同様の例だったことがわかるし、律宗ではあるが、宋建築を伝えた京都の泉涌寺の法堂は上層に楊柳観音を安置していた。（『薩戒記』）

これらはみな伽藍の一部であるから、金閣や銀閣のような、住宅風のところはない。しかし『建長寺指図』でみると、方丈のところに「得月楼、二階」というのがある。後には

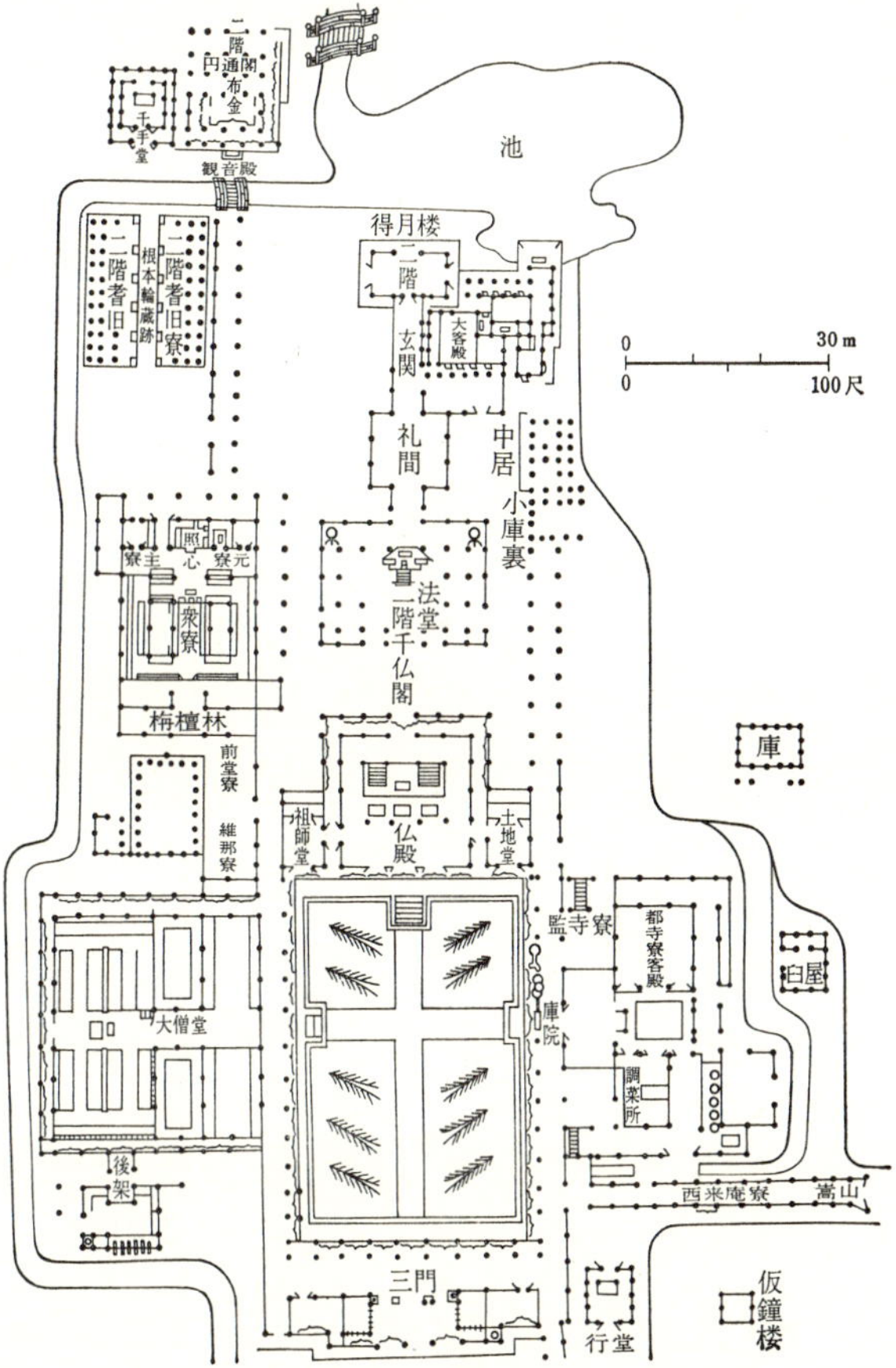

VIII－1　建長寺指図（上半）

この東に逢春閣という建物もできて「得月楼・逢春閣、翼然として空に聳ゆ」と青山慈永の伝に記されている。この二つは方丈に付属した建物であるから、仏堂的なものではなく、住宅風のところがあったはずである。

得月楼は「方丈の上」と記されているが、同様の例は寿福寺や円覚寺などにも見え、建仁寺の方丈の上閣は慈視閣《じしかく》といい、将軍がここに登って「東山を一覧」したり、宴会を催したりしている（『蔭涼軒日録』）。金閣や銀閣でも宴会が行なわれていて、同じような使い方をしている。多分、この方丈上閣というのは、下は住宅風で、上は金閣・銀閣などのように仏堂風だったのだろう。

現存のものでは、東福寺開山堂の上閣は、新しいものではあるが、この形を伝えたものであろう。

もう一つ、禅宗では山頂に亭を設けて、眺望を楽しむ風がある。夢窓疎石の建てた遍界一覧亭《いちらんてい》などはその名称からしても、その意味がすぐわかる。西芳寺には山上に縮遠亭《しゅくえんてい》が造られ、その影響で北山殿には看雲亭《かんうんてい》、東山殿には超然亭《ちょうねんてい》が建てられている。これらは山上の建物であるが、高いところから眺望したいという気持が、この時代になって盛んになってきたことがわかる。

金閣や銀閣の最上層が禅宗仏殿風に造られていることは、これが禅宗建築の影響によることを物語っている。これはひいては近世の天守閣へと連なってゆく。犬山城や彦根城天守の花頭窓《かとうまど》を見ただけでも、これは知ることができよう。

北山殿と東山殿

金閣のある鹿苑寺《ろくおんじ》は、足利義満が建てた別荘北山殿を、義満が死んだ後に、寺としたものである。もともとこの地には西園寺公経の北山殿があり、京都の名園として、鎌倉時代から著名なところであったが、南北朝時代には西園寺氏の衰退により、荒廃していたので、義満はこれを譲りうけ、新たに別荘を造営したのであった。

鎌倉時代における北山殿は、天皇や上皇の御幸もしばしば受けているが、公経の氏寺西園寺と、これに伴う邸宅北山殿とからなっていた。西園寺の供養が行なわれたのは一二二四年（元仁元）のことであるが、翌年ここを訪れた歌人藤原定家は、「泉石の清澄、実に比類なし」と称讃している。ここには四五尺の滝と、碧瑠璃の水をたたえた池があり、「毎事、今案をもつて営作せらる」と定家がいっているから、当時の好みが十分出ていたものであろう。

この一時代前、藤原時代の代表的な寺院は道長の建てた法成寺であった。法成寺について『栄花物語』は「御堂あまたならせ給ふままに浄土はかくこそと見ゆる」盛観であったといい、『大鏡』は奈良の寺々と比較して、「あめの帝の作り給へる東大寺も、仏ばかりは大きにおはしますめれど、なほこの無量寿院にはならび給はず、まして余の寺々はいふべきにあらず、南京のそこばく多かる寺ども、なほ当り給ふなし」としている。大きさよりも意匠の洗練さが問題なのであった。

ところが、西園寺になると「かの法成寺をのみこそ、いみじきためしに、世継もいひためれど、これはなほ、山の景色さへ面白く、都離れて、眺望そひたれば、いはんかたなく、めでたし。」（『増鏡』）と記している。ここは「山のたたずまい、木深く、池の心ゆたかに、わたつみを湛へ、嶺より落つる滝の響も、げに涙催ほしぬべく、心ばせ深き所のさま」で、「めぐれる山の常磐木ども、いと古りたるに、懐しきほどの若木の桜など」も植えられ、その建物は池のほとりに妙音堂、滝のもとには不動尊、石橋の上には五大堂という具合に、自由な配置をとっていた。

法成寺は加茂川の西岸、平安京の東、京極大路の外側に接して造られたものであり、京外とはいっても、まだ東山から、かなり離れたところにあった。

これに対して西園寺は、同じく平地とはいえ、「田畠など多くて、ひたぶるに田舎めいたところで、すぐ北に衣笠山《きぬがさやま》を背負っている。その都塵を離れて、眺望のよいところが好まれたのであった。そこに、奈良から平安へ、また鎌倉へと、時代とともに移り行く世の人の好尚の変化を読みとることができるであろう。

今の鹿苑寺、すなわち義満が営んだ北山殿の庭園が、西園寺氏の時のと同じだったかどうかは明らかでない。しかし、義満の北山殿の着手の時から完成までの年次を考え、また庭園築造に関する文献が見当らないところから見ると、建物は一新されたが、庭、とくに池については、鎌倉時代以来のものが、そのまま使われたのであろう。

現在金閣寺に見るひろびろとした池の拡がりは、嵯峨の大沢の池、平泉の毛越寺《もうつじ》の池などのもつ感じと大変よく似ており、その点においては、なお前代以来の伝統が強く残っていることがわかる。この点は鎌倉時代の後半、亀山上皇の営まれた嵯峨の亀山殿にも見ることができる。現在天竜寺の方丈裏の庭園は、天竜寺造営の時初めて造られたのではなく、亀山殿の庭を利用したものであった。そこに造られた石組などには、夢窓疎石によるものがあったろうが、おおよその池の有様は、亀山殿以来のものであろう。山すそにある点については、時代の変化が認められるけれども、そのおおらかな池のたたずまいは、北山殿同様、前代以来のものと思われる。

義満が北山殿を造ってから約一世紀後、足利義政は東山殿を営んだ。文化人として、芸術的教養をつんでいた義政は、かなり前から、北山殿に勝るとも劣らぬ別荘をと考えて、東山山麓にその土地を物色していた。一四六五年（寛正六）、場所も東山の恵雲院《えうんいん》と定まったが、前々から内包されていた内乱の危機は、ついに発火点に達し、京都の大半は焼土と化した。ようやく内乱の静まった一四八〇年（文明一二）、義政は再び候補地をめぐり、いまの慈照寺《じしょうじ》のあるところに東山殿を建てることを定め、翌々年その工を起した。

東山殿は、北山殿が義満の死後鹿苑寺となったと同じように、義政の死後、慈照寺となり、多くの建物は失われたが、現在の池の大きさは当初とそう変ってはいないと思われる。

衣笠山を北に控えるとはいえ、ひろびろとした平地に造られた北山殿と違って、東山殿の東は、急な山に直面している。そこに掘られた池は、金閣の前に拡がる鏡湖池《きようこち》とは違って、あまり広いものではない。それは銀閣（観音殿）や東求堂《とうぐどう》、それに今はない会所《かいしょ》や常《つねの》御所《ごしょ》から望み見るためのものでもあったけれども、池畔を逍遥し、中島にわたり、歩いて観賞するための庭でもあった。

裏山への登り口には、昔の石組が発掘されている。それは西芳寺などにも見られる、きびしい構成の石組で、室町時代庭園の特色をあらわしている。

北山殿と東山殿との違いは、もちろん庭園だけではなかった。その殿舎の構成にも大きな差が見られる。

北山殿は義満の住んだ北御所と、夫人の居所であった南御所があり、また南御所の近くに崇賢門院御所があった。北御所は現在金閣のある付近で、もちろん、北山殿の中心をなす部分であった。北山殿は地形上、東を正面とし、惣門《そうもん》をはいると、「一町あまりの馬場には、西東わけて、ひまなく、ひしと植ゑ列べたる桜、八重、一重こきまぜて、今を盛りと」咲き乱れ、ここを経て四足門《よつあしもん》を入れば、表向きの御殿である寝殿・透渡殿《すきわたどの》・中門廊があった。

寝殿は平安時代以来のものであったが、透渡殿を備えたものは、鎌倉初期にも少なくなり、室町時代には全くなくなっていたのであるから、この一事からも、義満の北山殿が、王朝文化の名残りをとどめようとして、立派に造られたことがわかる。寝殿のあった位置は、はっきりしないが、表向きの建物であり、東からはいるのだから、金閣の東方、今、鹿苑寺の方丈などがある辺だったろうか。

寝殿の西の池に面して三層の楼閣金閣が立ち、その北に二階の天鏡閣があったが、そのさらに北には泉殿があった。一四〇八年（応永一五）の行幸のとき、多くの唐絵や唐物《からもの》を列べた会所《かいしょ》は、そのさらに北だったのだろうか。十五間《ま》と記されているから、約一五坪の広い部屋であった。唐絵や唐物は天皇への献上物で、後に押板《おしいた》や棚・付書院などに飾られるものと同種のものであるが、飾りつけの仕方については、何にも記録がなく、まだ押板・棚などの設備がなかったのかもしれないし、あったとしても後の書院造のように、一個所に集められてはいなかったようである。

このように、北山殿の建物は平安朝以来の寝殿を主屋とし、これに会所・舎利殿（金閣）・天鏡閣・泉殿などが付属したものであったが、一世紀後の東山殿は大分構成が変っている。主な建物は常御所と会所で、他に観音殿（銀閣）・持仏堂（東求堂）・泉殿などがあるが、寝殿が建てられなかったところが特徴的である。

公家的行事の場としての寝殿から、日常居住空間である常御所が分化し、また会合のための会所が、独立した立派な建物として造られてゆくのが、寝殿造から書院造への発展過

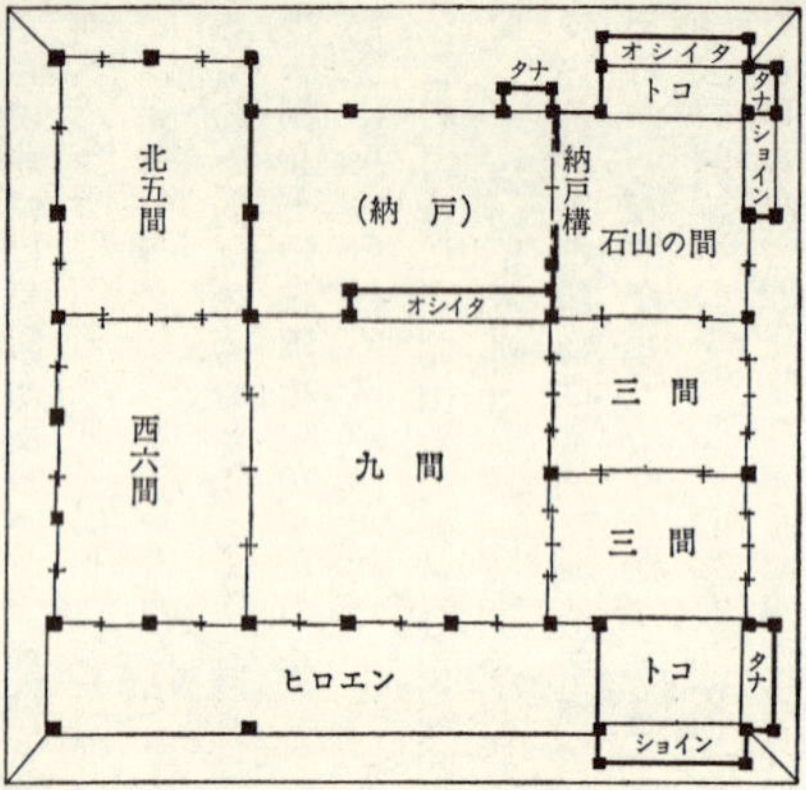

Ⅷ−２　東山殿会所復原図

程における、もっとも大きな変化であった。

義政の烏丸殿は、一四四五年（文安五）に工を起しているが、この将軍邸までは引続き寝殿が造られている。しかし、応仁の乱後義政が建てた小《こ》川《かわ》殿、それに続く東山殿では、とうとうその造立を見ないままに終った。それは住宅における古代的なものの終焉を意味するものであり、ちょうど応仁の乱を境にして、この現象が見られることは、歴史的にも意味深いものがある。

　北山殿の行幸のとき、天皇は三月八日から一六日まで滞在されたが、会所が使われたのは一〇日の一日だけであったらしい。行幸の最初の日の行事が寝殿で行なわれているのであるから、寝殿が一番主な建物であった。

　しかし、東山殿では会所が表向きの建物となり、正式の対面・謁見などのとき、義政はいつもこれを用いている。

　北山殿の会所は十五間《ま》という広さがわかるだけで、押板・違棚・付書院といった座敷飾りが、どれほど造られていたか、少しもわからない。造りつけの押板や棚の存在が確かめられるのは一四三〇年頃からであって、北山殿行幸の応永一五年はその二〇年ほど前のことであるから、まだできていなかったのであろうか。もしあったとすれば、かなり詳細に行幸の次第を記している『北山殿行幸記』に、飾りつけに関する記載があっても、よさそうに思えるからである。

これから二〇年ばかり後、義教が一四三〇年（永享二）に花見にいったとき休んだ金剛《こんごう》輪院《りんいん》（満済准后の住い）の常御所兼会所（永享元年上棟）には押板・違棚・付書院があり、その飾りつけが細かに記されている。

義政の東山殿になると、会所は常御所から独立し、Ⅷ－2図のような間取であった。その主室は中央の九間《ここのま》であるが、ここには押板だけで、後世の書院造の主室のように、棚や付書院は造られていない。しかし東北隅の石山の間にはこれらが揃っている。このような座敷飾の発生とその整備は一五世紀に起り、一六世紀後半には一つの定った型（書院造）をもつようになる。東山殿の会所や常御所は失われてしまったが、持仏堂である東求堂は現存し、そこに設けられた義政の書斎同仁斎《どうじんさい》には、付書院と違棚が現存している。

書院造の成立

現在、住宅の間取を設計するとしたら、皆さんはどのようにして、その作業を進めるだろうか。まず必要な部屋とその大きさを決め、使い勝手を考えて、動線ができるだけ短くなるよう、全体がなるべく単純な形に納まるように列べて見るだろう。構造の方はその後で、平面に応じて考えられる。

だが、平安時代の寝殿はそうではなかった。建物の平面と構造には一定のきまりがあり、自由に考えられるものではなかった。中央に母屋《もや》と呼ばれる部分があり、周囲一間《けん》通りは庇《ひさし》となる。母屋と庇のユカは同一の高さで、母屋と庇の間仕切《まじきり》はなくても、その空間構成は違っており、人々はその意味をよく知っていた。母屋で行なわれる行事と、庇での行事は違い、母屋に坐す人と、庇に坐す人との身分は異なっていた。形からいえば、古代仏堂の母屋・庇と同様であった。

建物の中には一間《けん》ごとに柱が立ち列ぶ。柱を立てないところは母屋の中だけである。母屋と庇とは平面の形も、その立体的構成も定まっているのだから、部屋を大きくしようとすれば、柱間の間隔を広くするか、母屋の左右への柱間数を増すかするほかはない。もちろん、庇の外にさらに孫庇をつけることもできるが、庇と孫庇の間には柱が立つし、ここで一段ユカが低くなるから、今日のように、何畳敷でも広い部屋を造れるという自由度はない。

ところが、鎌倉時代の寝殿以外の建物では、この母屋・庇構成の崩れたものが現われている。そして、それは寝殿そのものの平面にも波及してゆく。いま、それを足利義教の室

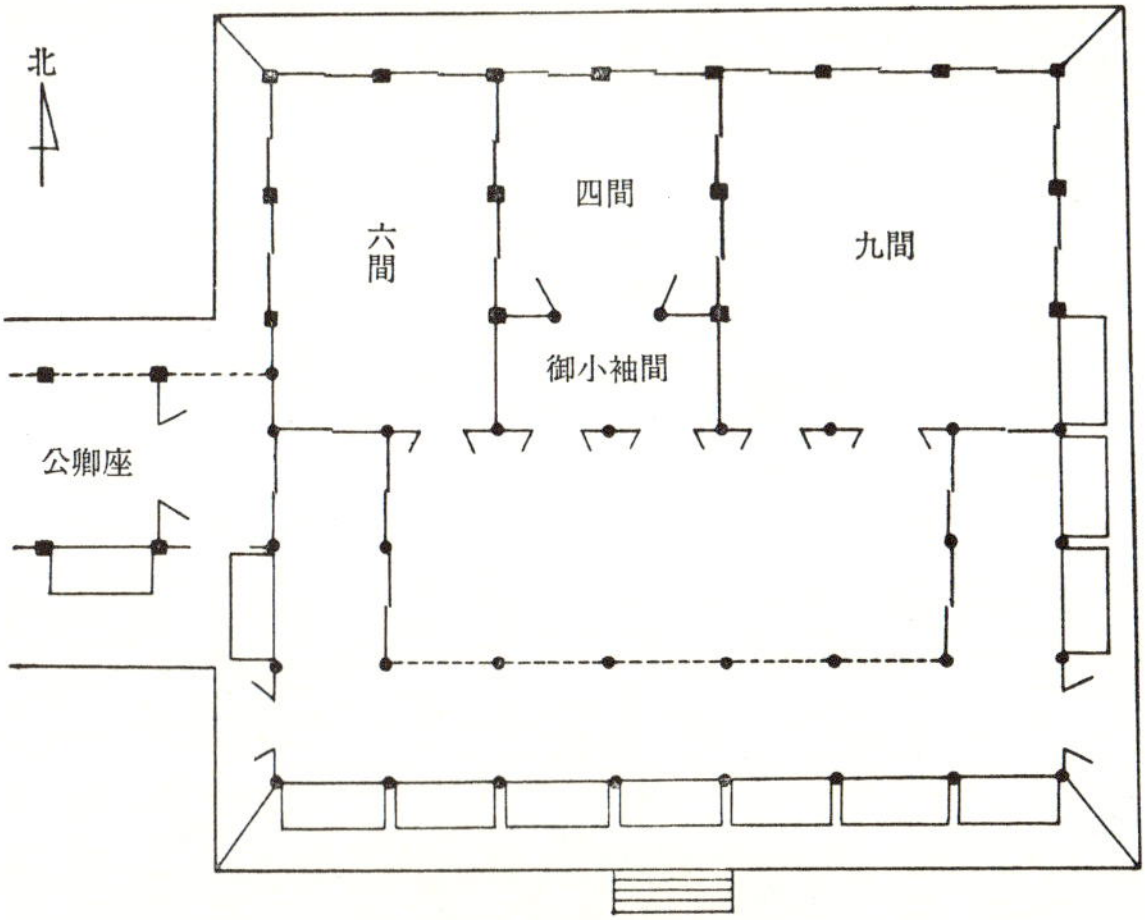

Ⅷ−3　室町殿寝殿復原図

町殿寝殿で見よう。これは義満の北山殿寝殿でも似たようなことがいえるが、この方は平面に多少わからないところがあるので、はっきりしている室町殿の方で説明しよう。

この寝殿は一四三一年（永享三）の上棟で、翌年の大饗の時の図面が残っている。それによると、この寝殿は北半と南半とで、平面構成の仕方が全く違っている。

南半は五間《けん》の母屋の三方を庇が回っていて、定法通りの寝殿の平面構成であるが、北庇の方は、ここでは奥行三間《けん》の広い場所となり、その間取も六間《ま》、四間《ま》、御小袖間《ま》、九間《ま》といった具合になっている。

南半は公家的行事の場として、平安

朝以来の寝殿の母屋・庇という形が必要だったが、北半は仏事や来客の休息・宿泊などに使われており、平面は変化していっても差支えない。これに対応して、建具も南半では蔀戸と扉であるが、北半は引違戸になっている。多分舞良《まいら》戸《ど》が使われていたのであろう。蔀戸から引違戸へという発展は、寝殿造から書院造に移るにしたがって起る変化で、これは金閣と銀閣にもその差があらわれている。そして面白いことに、南半は円柱であるが、北半は角柱となっている。

九間《ま》は畳が敷きつめられていなかったが、一八畳の広さをもった部屋で、御《ご》鬢所《びんじょ》と呼ばれているから、居間的な性格の部屋である。もっとも、義教の室町殿では常御所が別棟として建てられていたので、日常、寝殿北面の御鬢所を使うことはなかったと思われる。しかし、この平面を見れば、寝殿北面が日常生活の場として発展してきた跡を見ることができる。

このように、室内に柱が立たず、正方形あるいはそれに近い形の部屋がとられ、間取がかなり自由になっている点は、平安時代の寝殿造と大きく違うところで、室町時代の寝殿以外の建物では、みなこのようになっていた。寝殿がなくなるということは、単に公家的な行事の場がなくなるというだけのことではなく、このような、平面構成の考え方の違いが、住宅全体に行きわたったという点で、重要な意味を持っている。

義教の室町殿には会所が三つもあった。寝殿には押板・棚・付書院などはないが、義教

Ⅷ－4　押板（「慕帰絵」より）

邸の会所は、「北山殿以来、多くの御会所一見のところ、先々に超過す」と満済准后が評しており、余程立派なものだったらしい。形は詳しくはわからないが、先に述べたように、永享二年に義教が醍醐に遊んで、満済准后の金剛輪院会所に行った時、そこには押板・棚などが作られており、義教からの進物がそこに列べられていた。したがって、満済准后が讃めた義教の会所にも、押板や棚があったと見てよいであろう。

今日では絵をかけ、花を活ける場所を床の間といっているが、室町時代にはこれを押板といった。その構造も今日と違い、間口は一間から三間、奥行は四〇cmほどの厚い板を、畳より三〇cmぐらい上に取りつけたもので、間口が広く奥行の浅いこと、四角な床框《とこがまち》のないことが今日のものと違っている。この形は現存している桃山時代の書院造で見ることができる。

このような押板がなぜできたかといえば、それは、絵画観賞形態の変化が、必然的にそれをもたらしたのである。

宗教画はさておき、観賞用絵画についていえば、平安時代の絵は障子絵と絵巻であった。障子絵は、壁・ふすま・屏風《びょうぶ》・衝立《ついたて》などに描かれた絵の総称であるが、いわば建物に付属したものであり、観賞のための特別な施設を必要としない。絵巻は机の上に拡げて見れば事足りる。ところが、鎌倉時代の中期以後、宋元画がたくさん入ってきた。これらは掛軸の形をしていた。

軸はどこかに懸けて観賞しなければならない。初めは天井の回縁《まわりぶち》、長押《なげし》あるいは屏風などにかけていた。寝殿造では壁がほとんどないから、懸けるところに困る。自然懸ける位置は定まってくる。軸の前には香炉・花瓶・燭台などが置かれるのが定まりであった。おそらくこの風習は宋伝来のものであろう。あるいは仏画を懸ける時の作法によるものかもしれない。

これを三具足《みつぐそく》と呼んでいるが、これらは絵の前に卓を置いて並べられた。造りつけの押板は、この卓の甲板が壁に取りつけられたものである。したがって、奥行は浅い。しかし、絵は三幅一対・四幅一対などもあるから、間口は広い必要がある。

飾るものは、絵と三具足だけではなかった。宋・元の工芸品の伝来もおびただしいものがある。当然それを観賞するための設備が必要であった。平安時代以来、日常生活に必要な手回り品を置くために、厨子棚《ずしだな》とか、二階棚とか呼ばれる、移動のできる棚が広く用いられていた。工芸品を飾るには、全くもってこいの設備であった。

しかし、それだけでは、まだ足らない。鎌倉時代の末には、机の造りつけになったものができていた。出文机《だしふづくえ》といわれるもの（今の付書院）がそれである。ここにも、工芸品が置かれたが、それは、本来の用途に従って、硯《すずり》など文房具を主体とするものであった。

東山殿の東求堂の東北には、四畳半の同仁斎と呼ばれる義政の書斎がある。ここは書斎であるから、机の造りつけになった付書院と、隣りに違棚がある。義政はこれができたとき、ここに置く本を何にしようかと相談している。ほんとうに実用的なものというよりは、今日の応接間に列んでいる書棚のように、一種の飾りであった。この飾りつけは『御飾記』が詳しく伝えているが、それによると、付書院には硯・筆・墨・書物などを、違棚には建盞《けんさん》・壺・茶杓《ちゃしゃく》・茶筅《ちゃせん》・食籠《じきろう》などが飾られていた。これは後の飾りつけとほぼ同様で、ただ違うのは「書物一帖、漢書あまたつまるる、巻物二、三巻おかるる」というように、かなり多くの書籍が付書院に置かれていたことである。

押板も、棚も、付書院も、その座敷飾りとして持つ意味、発生の理由は同じであった。しかし、東山殿の時代、すなわち一五世紀の後半までには、主室の飾りつけとして、定型化するには至らなかった。桃山時代の書院造遺構に、そしてまた今日の和風住宅の室内構成に見られるような型に定着したのは、一六世紀になってからである。おそらく座敷飾りとしてこれらを主室の飾りに集めたのは、武家社会の対面の行事がこれを推進したのであろう。

棚や付書院の形そのものは、その後変らない。ところが、押板は形も変り名称も床の間となった。室町時代は「床」という字はいろいろな意味を持っていた。古くから使われた台床という意味もあった。寝台や腰掛などがこれである。東求堂の西側には、縁に面して造りつけの腰掛があるが、これは「床」と呼ばれていた。

また当時、床《とこ》は上段を意味するものであった。室町時代の上段は、桃山時代の書院造のように、主室には造られず、控室《ひかえしつ》的なところに設けられたようである。東山殿会所の平面がこれを物語っている。

ここには押板や、違棚なども設けられた。茶道が次第に発達していった時、わび、さびを重んじた茶道は、動作を小さくすることを要求した。部屋は必然的に狭くなる。しかし、貴人を迎えるために、上段はどうしても必要だった。

大体、上段というのは、小室では畳が敷きつめになった結果、畳の縁《へり》によって身分の差をあらわせなくなったところに、発生の原因があった。百人一首の絵を見れば、人によって、坐す畳の縁が違うのがわかるだろう。畳が敷きつめになると、こうした違いはあらわせない。一つの部屋に縁《へり》の違う数種類の畳を入れるなどという不体裁なことはできない相談だからである。

そうなると、畳の高さを変えることによって、身分の差をあらわそうという工夫が生れる。上段はこのようにして発生したのであった。

東山殿の石山間は八畳の広さである。これを縮小して四畳半にした時、当然、床《とこ》と呼ばれていた一畳半の上段も小さくなる。したがって、その奥の押板も縮小されざるをえない。小さくしようとすれば、絵を懸けるためだけのものなら、壁があればよい。

こうして四畳半に一畳の上段といった形が生れてくる。当時上段は床《とこ》といわれていたので、ここは床《とこ》と呼ばれるようになった。茶室では座敷が狭いときは床に上がってもよいという伝えがある。『宗湛日記』で見ると、秀吉は茶室の床の間に坐っている。床が上段の変化したものだったから、これは当然のことであった。今の床の間の前にある框《かまち》は上段の框の名残りである。

茶室の床は、住宅の一般の部屋にも影響した。浅い押板から、奥行のある床の間への変化はこのようにして起ったのであった。

京都の曼殊院書院の主室である黄昏の間は八畳で、一畳半の大きさの上段が作られ、その奥に床の間がある。近世のものであるから押板形式になっていないが、中世だったらこれが押板になるところだろう。これなどは押板付上段の形を伝えるものであろう。

寝殿造から書院造への発展は、中世を通じて進められてきたが、押板から床の間への変化によって、今日の和風住宅と全く同じ形が成立した。

九　城と書院

城郭建築の発展

永禄九年九月四日、まだはれやらぬ朝もやをついて木曾川を渡った織田信長の軍は、北岸墨股《すのまた》に築城工事を始めた。信長は前から、美濃に攻め入り、南部をその勢力下に収めてはいたものの、尾張からは川を隔てた地であったため、意のごとく支配できないのに業をにやし、対岸に城をつくって、美濃領支配の基地としようとしたのであった。

驚いた美濃の斎藤勢は岐阜から軍勢を出し、川に追いおとそうとした。たとえ追い払えなくても、敵前築城などということは、攻めていれば不可能だと判断したのであった。

ところが、織田勢は一方で防戦しながら、初日は逆茂木《さかもぎ》をゆい、地ならしをしていると見えたばかりなのに、翌朝は早や、いくつかの矢倉《やぐら》の形が出来た。そして三日目には、建物も大かた出来てしまった。藤吉郎秀吉の計によって、上流で材木の工作を終え、いかだに作って流し、ここで陸上げして、組み立てるばかりにしてあったからである。

この墨股築城の例でもわかるように、城郭建築は全くの実用的な建物であり、その工事は、非常な迅速さが要求される。

これは社寺の建築と、本質的に異なった種類の建築であった。社寺建築とて、実用性がないわけではない。しかし、それにもまして記念性が重要であり、その目的を達するためには、多くの月日はかかっても、美しい、立派なものにする必要があった。細部の細部にまで配慮の行きとどいた、きめの細かさが必要だったのである。

しかし、早く作らなければならない城郭建築は、そんなことをいってはおられない。規格を統一した組立建築、いわば一六世紀のプレファブ建築だったのである。土台・柱・貫《ぬき》・梁《はり》・桁《けた》の寸法を統一しておけば、工匠を集めさえすれば工作は進む。壁塗りは、最近までの農家がそうだったように、民家では農民の仕事だったから、百姓をたくさん集めさえすればよい。専門の工匠の手をわずらわさないですむ。屋根はもちろん板葺程度だった。

中世の城は、近世の城のように、石垣は使わない。空濠《からぼり》と土塁がその施設の主なもので、上に木柵《もくさく》をつくった程度であった。しかし、戦乱の永続と、その規模の拡大とは、城の規模を大きく、設備を強化させた。

石垣を積むようになると、石垣積みの技術者が集められたが、積み上げてゆく石垣の上の平面を、キチンと矩形にすることはむずかしい。それに形の上からいっても、隅では平面的に多少張り出して、石垣には彎曲がつくられる。しかも、隅のところは高く上げて築かれる。

こうしたとき、組立建築は非常に役に立った。石垣の形のままに土台をならべ、上に柱を立て、梁でつなぐ。建物の平面は石垣のひずんだままの形で、きちんとした矩形でなくても一向さしつかえない。土台は石垣上が隅で上がっていれば、そのままにおかれる。そこへ同じ高さの柱が立つから、桁の高さ、軒の高さは自然隅の方が高くなる。石垣の曲線がそのまま軒に表われる。それに反し、社寺では軒反りを作るために、隅の柱の長さを延ばすといった、手のこんだ工作法が必要であった。この様な簡単な手法は後の城郭建築にもそのまま伝えられている。

壁で塗りこんでしまうから、木材の材質を選ばなくてよい。仕上げは雑でもすむ。石垣の石は領内の手近かにえられるところから採る。姫路城の石を見ると、すべて近在の山からとったもので、遠くからは運んでいない。姫路城の大天守に残された墨書で見ると、下の階から最上層まで、同じ年に組み立てられている。いかに工事が早かったかが、これからもわかる。だが、実用一点張りの簡単な建物だった城郭建築にも、大きな転機がきた。

信長は一五七九年(天正七)、完成した安土《あづち》城にポルトガル人ルイス・フロイスを初め、多くの人々を案内している。城はもう実用一点張りの軍事施設ではなくなった。純軍事施設なら、それを他人に見せることなどありえないからである。

フロイスの手紙によると、城を案内している信長の得意満面の顔が見えるようだが、このような立派さを人に示すことが必要だったのである。中世の山城《やましろ》は、山上に築かれ、居館はその下に営まれた。一旦緩急あれば、家臣を引き具して城に立て籠ったのである。しかし、信長の安土城はそういった城ではなかった。そこは信長が常時住むところでもあった。軍事上の要害であると同時に、いやそれ以上に、領民に領主の勢威を示す紀念建造物であった。

安土城の豪華さは、『信長公記』に詳しく記されているが、これより先、一五六七年（永禄一〇）に作られた岐阜城に、その先駆を見ることができる。信長は一五六九年宣教師ルイス・フロイスを岐阜城に引見したが、フロイスは城内の模様を「予がポルトガルおよびインドより日本に来るまで、今日まで見たる宮殿家屋中、かくのごとく精巧美麗清浄なるものなきことは、少しも疑うことなく尊師に確言す」と手紙に記している。

この手紙によれば、稲葉山の山麓にある信長の宮殿は四階からなり、一階には一五—二〇の座敷があり、二階は夫人の休憩室とし、三階に茶室を設け、二—四階には望台および縁《えん》があり、金屏風《きんびょうぶ》・金襴《きんらん》の布、鍍金《ときん》の金具で飾られていた。山上にも金箔で飾られた二—三の大きな座敷があり、天守は日本風でピラミッド状を呈すといっている。この山上の座敷が天守と別の建物か、天守の下階であるかは明らかではないが、おそらく、天守の下の一—二階に相当するものだったと思われる。

ここでは天守はまだ安土城ほど華麗なものではなかったらしいが、それでもわれわれが桃山風として考えているものにかなり近いことが窺われる。

安土城の天守は外観五重、内部七階で、一階は石垣内の土蔵、二階は石垣上にあり、一二畳五室、一〇畳二室、八畳四室、六畳二室、四畳、三畳のほか、二六畳以下七つの納戸《なんど》と蔵があり、遠寺晩鐘、鳩《はと》、鵞《が》、雉子《きじ》、儒者などを描き、三重は二〇畳、一二畳二、八畳二、四畳の御座《ござ》の間と二四畳の納戸、二段の広縁があり、花鳥、呂洞賓《りょどうひん》、駒《こま》の牧《まき》、西王母《せいおうぼ》の絵があり、四重は一二坪の板の間三、一二畳二、八畳四、七畳一で、岩、竹、松、桐に鳳凰《ほうおう》、許由《きょゆう》、巣父《そうほ》、庭子を描く。五重は四重の屋根の内になり、南北に四畳半があるが絵はなく、六重は八角の平面で、外柱を朱とし、縁《えん》、高欄《こうらん》をめぐらし、十大弟子、釈迦説法の図を描く。最上層の七重は内外ともに金で、内柱に上り竜、下り竜、天井に天人影向《てんにんようごう》、壁に三皇五帝《さんのうごてい》、孔門十哲《こうもんじってつ》、商山四皓《しょうざんしこう》、七賢《しちけん》を描いていた。

安土城の本丸にはこのような天守のほか二百坪をこえる御殿が建てられていた。この御殿の方にも永徳の名所絵があり、御幸《ごこう》の間は上段とし「殿中ことごとく総金」で、「上もかがやき、下もかがやき、心も詞も及ばない」立派なものであった。

この豪華な天守と御殿とは、秀吉の聚楽第《じゅらくだい》・大坂城・伏見城にうけつがれる。大坂城の天守は、当時の記録から見ると、非常に豪華な八重の天守として、その偉容を誇っていた。秀吉はみずからここに徳川家康などを案内して内外を見せている。

信長や秀吉にとって、城の軍事的意義はそう大きなものではなかった。安土城にしても、大坂城にしても、それはかれらの本拠ではあっても、これに立て籠って最後の防戦を試みようなどということは考えもしなかったであろう。それは戦えば勝ち、攻むれば取る信長や秀吉の、輝かしい事業を誇る一大記念塔であった。

だが一般の諸大名にとって、城はやはり重要な軍事施設だった。秀吉の天下統一が成ったといっても、いつなんどきそれが崩壊するかもしれない危険性を、諸大名は敏感に読みとっていた。こうした状勢のもとにあって、諸大名は城郭建築を以前より一層堅固なものにしておかなければならなかった。領内統治の必要から平野にある丘陵を利用し、あるいは全くの平地に築城することが必要であった。そこでは山城と違って、自然の地形を利用するだけでは足りないから、軍事的に深い濠、高い石垣が要求される。木造建築は火災が一番恐ろしいから、軒裏まで塗籠《ぬりごめ》とした防火構造が必要となる。城内に攻め入った敵を防ぐため、迷路のような縄張りが考案され、入って来る敵を迎えうつための石落しなども発達した。

一五九八年（慶長三）秀吉が死ぬと、天下の形勢は騒然となった。翌々年天下分け目の関ヶ原の戦は徳川側の勝利と帰したが、秀頼は大坂城にあり、覇権の帰趨はなお予断を許さず、諸侯はそれぞれ自己の城郭の強化につとめざるをえない状態にあった。

城は示威的な、表面を飾った建築から、本来の使命である要害施設としての機能に徹しなければならなかった。したがって、天守の内部についても、安土城のような壮麗さは必要でなく、軍事的な要求が優先した。

現存する城郭は、ほとんど慶長年間の造営であるが、こうした状勢を反映して、慶長年間は日本の築城技術が最高度に発達した時期であった。

慶長年代のもっとも代表的な城は姫路城である。姫路城は天守以外にも多くの櫓《やぐら》・門・土塀を存するので貴重であるが、規模の大きいこと、縄張りが複雑であること、外観が美しいことにおいて、名城たる名にふさわしい。関ヶ原の役が終わると、戦功の著しかった池田輝政は姫路に封じられたが、ここは大坂と西国勢をへだてる枢要な地点であったから、徳川氏としても、その築城には大きな関心を持っていたと思われる。輝政の知行《ちぎょう》は百万石近くに達しており、秀吉が造った姫路城を改造して大規模なものとするだけの力を有していた。その規模はもちろん大坂城や江戸城にはおよばないが、諸侯のものとしては屈指の大きさをもっている。

今日姫路城として残っているのは、その内郭だけであるが、大手《おおて》の菱《ひし》の門を入り、「いの門」「ろの門」を過ぎると道は右に折れ、天守の一郭を東の正面に見るようになる。ところが「はの門」を通って天守下に近づくと、道は一八〇度転回して細い坂道を西に向かわねばならない。侵入して来た敵は東の天守側から、北の石垣上から、西の「にの門」から挟撃をうける態勢になる。「にの門」を入ってまた東進し、「ほの門」を通り天守台の下に出れば、おそらくその勢いから侵入軍は天守台の北側を東進して天守の東側に出ようと

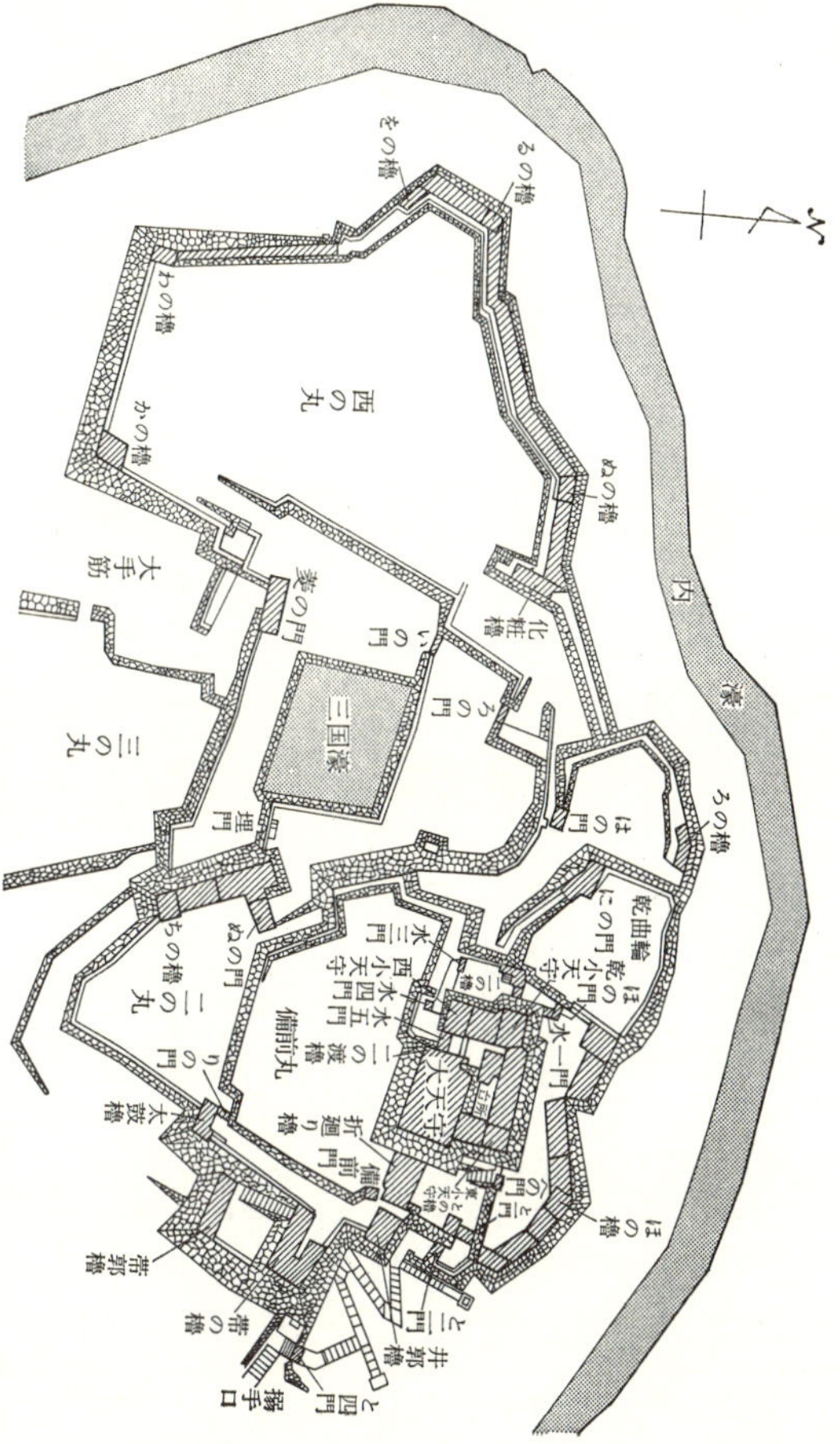

IX－1　姫路城内郭平面図

するであろうが、ここは搦手口《からめて》からの通路に合して、天守には上がれない。天守に上がるためには「ほの門」を入ってすぐ右折し、「水一門」から「水五門」までの狭いところを通らなければならない。攻め手はこの曲がりくねった狭い道のいたるところで、側防火器に身をさらさなければならない。

天守は大天守と三つの小天守の四棟からなり、それを渡櫓《わたりやぐら》で繋いでいる。慶長以前の天守は単独の櫓か、付設された付櫓《つけやぐら》を持つにすぎなかった。これが小天守を伴うようになり、姫路城のように、連立した天守として構成されるようになったのは、内庭をつくり、ここに台所を設けて、天守台の一郭だけで、十分最後の防戦に耐えようという設計であった。白鷺城《しらさぎ》といわれる白亜の総塗籠《ぬりごめ》は、火矢《ひや》を射かけられても火災にならぬよう、とくに軒裏の防火上の弱点を耐火的にするためであった。現存の天守のうち、建立年代の早い犬山城や丸岡城などは、少なくとも最上層は塗籠とせず、御殿風の面影を残しているが、姫路では柱・壁・窓・軒から破風《はふ》まで、すべて漆喰《しっくい》で塗られ、木部を露出させているところはない。

このように城郭建築は永年にわたる戦闘の経験から、軍事的に強固なものとして発展していったが、しかし、領主の勢威の表現、城下町の造形的核心としての意義は決して減少するものではなかった。したがって、それは単なる軍事的な要害ではなく、造形的にも大きな努力が払われた。今日残る数々の城郭建築はその努力の結晶として、飾り気のない白壁の外観のうちに、武将の住いらしい崇高な表現をかちえている。

書院造の典型

今日残っている城郭建築は、みな天守・矢倉・土塀といった、軍事施設だけで、城のうちにあった居住施設は明治維新の変革でほとんど失われてしまった。名古屋城には第二次大戦まで本丸御殿があったが、それも戦災で焼けて、いまでは二条城二の丸書院がただ一つのものとなった。

二条城二の丸書院は一六二六年（寛永三）後水尾天皇の行幸を仰ぐため建てかえられたもので、車寄《くるまよせ》・遠侍《とおざむらい》・大広間・小広間・御座の間および台所・清所《きよどころ》などが残っているが、失われた建物もあり、行幸を迎えるものであるから、奥向の施設はなく、邸宅全般の構成を完全に知ることはできない。

これを城内の殿館以外の住宅に拡げてみても、住宅は社寺のような記念的なものではないから、建てかえられることが多く、また市中にあるため、市街の火災で延焼する場合も多く、桃山時代はもちろん、江戸時代のものもほとんど残っていない。もちろん遺構はなくても、古図として伝えられているものは多い。しかし、それらは大部分江戸末のもので邸宅の構成が複雑で、基本的なものとして説明するのに適しない。

ところが、幸いに、江戸幕府大棟梁の家柄である平内家《へいのうちけ》の伝書『匠明』に桃山時代の邸宅の配置図がある。この本は奥書に一六〇八年（慶長一三）平内政信が書いたと記しており、当時の建築の木割（細部の寸法の比例）を示したものであるから、そこに描かれた邸宅の配置図（IX－2）は、京都における桃山時代の一般的な上流住宅の図で、ある特定の邸宅を描いたものではない。

これによると、敷地はほぼ一町（約一二〇m）四方で、四方に築地《ついじ》をめぐらし、東に表門を開いている。東の御成門《おなりもん》を入ると、突当りに折れ曲がった「中門」を持つ「広間」と呼ばれる建物があり、南庭に能舞台とそれに付属する楽屋を設けている。その南方にある「書院・クサリノ間・スキヤ」は茶室で、その東に茶庭を設けている。当時、能と茶は上流階級の教養として欠くことのできないものであったから、能舞台と茶室とは必須の建物であった。

「広間」は一番表向の応接間で、その西の「御成御殿」は賓客の居間兼寝所である。「広間」の西北につながる「対面所」は主人の内向の応接間であり、その西方の「御寝間」が主人の居室であろう。家族の住いはそのさらに西北に「御上方《おうえかた》」と記した建物がそれであろうと考えられる。

東の「平棟門《ひらむねもん》」は平生使う門で、それを入ると「色代《しきだい》」と「遠侍」がある。これらは玄関と家来の伺候する場所で、その北の「大台所」は炊事場であり、また使用人の働く場所でもあった。

その他には蔵、女官のいる「局《つぼね》」、家臣の住む「長屋」などがある。
この図で注目すべきことは、来客用の施設が邸内の一番いい東南部を占め、その西北に主人および家族の住む一郭があり、この両者を使用人の生活空間でつないでいることである。このような、独立した接客空間は寝殿造には見られないところであって、近世武家住宅、すなわち書院造の一番大きな特徴であった。

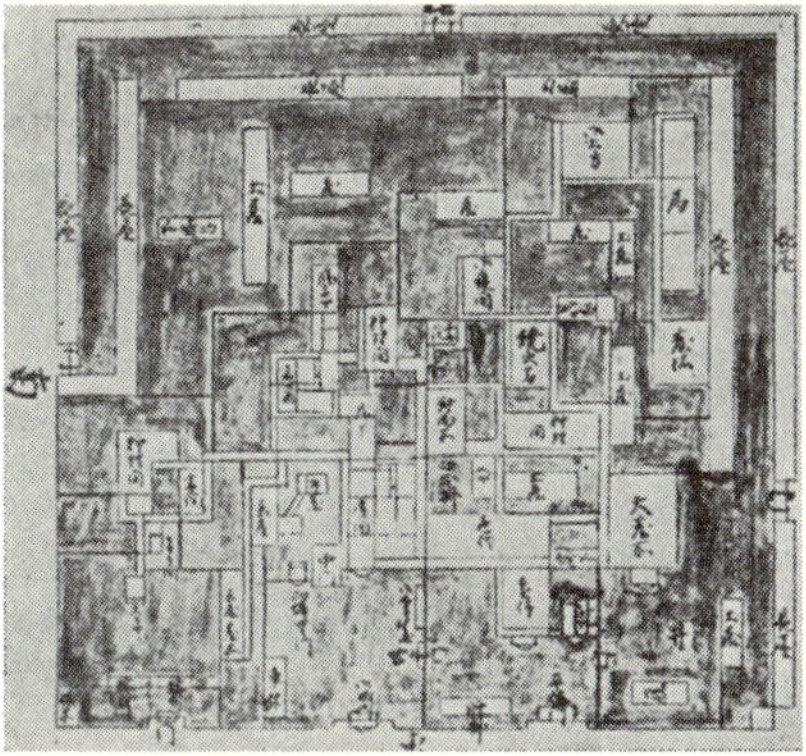

Ⅸ－2　書院造配置図（『匠明』）

古代の寝殿造の場合でも、来客はもちろんあった。正月の大饗《たいきょう》に始まる年中行事の数々からいえば、むしろお客様の数は近世の場合よりもずっと多かった。しかし、こうした行事のときは、日常使っている寝殿や対屋《たいのや》がその行事の場に当てられ、行事のための、特別な建物が用意されているのではなかった。

日常の事務的、あるいは個人的な訪客は、二《ふた》棟廊《むねろう》と呼ばれる寝殿の東の渡殿《わたどの》に設けられた「出居《でい》」といわれる部屋に通された。ここは主人の居間としての機能をもった場所で、これも客のための特別な施設ではなかった。もっと簡単な場合は対の広庇や、さらに略式なときは、中門北廊が対面の場であった。

これに比べると、書院造の接客空間が、どれほど発達したものかがわかるだろう。この邸内の最上の場所と建物を客のために用意するといった接客方式は、今日の和風住宅にまで続いている。

寝殿造に住んでいた平安時代や鎌倉時代の貴族たちは、上述の年中行事や、用件をもって他家を訪問する以外に、歌合せなどの会合も行なった。その集りは儀式ばったものではなく、また事務的なものでもなかった。それは風流な、いわば遊びのためのものだった。こうした集りは出居や、あるいは釣殿《つりどの》などで行なわれ、また後には寝殿から独立した主人の居間である常御所《つねのごしよ》などでも行なわれた。

室町時代にも、足利将軍邸などには、平安時代以来の貴族的な行事の場として寝殿が造られていたが、これは日常の生活には使わず、日常生活の場としては常御所が、遊宴の場としては会所《かいしよ》が発達した。足利義満の室町邸の寝殿にあった塗籠には、源家累代の家宝である小袖《こそで》と呼ばれる鎧《よろい》が蔵されていたが、これがいつのまにか盗まれていた。寝殿が日常生活の場であったら、いつ盗まれたかわからないなどということはありえない。

日常生活は常御所で行なわれていたが、その場所は寝殿が儀礼的なもので、南向の表だったところにあったのに対し、表の門からやや奥まったところにあった。多分、出居なども、常御所に近いところに作られていたであろう。そして、ここにも寝殿南庭とは別に庭園がつくられ、邸宅によっては、泉殿と呼ばれる庭園建築風の小建築が建てられ、風流な遊びのための建物として用いられていた。

公家的な行事がすたれるにつれて、寝殿は建てられなくなり、これに代わって、会所と呼ばれる接客空間が独立した。史料に出てくる義満・義教・義政の邸宅の主要な建物は、

一　公家的行事を行なうためのもの——寝殿、中門廊など
二　日常生活のためのもの——常御所（主人）、対、小御所《こごしょ》（夫人）
三　会合のためのもの——会所、泉殿

の三グループからなり、義教の室町殿では南向会所・新会所・北向会所（泉殿）の三つもの会所が作られ、会所の発展を見ることができる。

ところが、義政の御所のうち、遅く建てられた小川殿《こかわどの》と東山殿では寝殿は作られていない。これは期間が短く、山荘であった点を考慮しても、邸宅の主要部分が常御所と、接客のための会所の二棟であったことは、室町時代における住宅の発展過程をもっともよく示すものといわなければならない。

平安時代には自分より身分の下のものの家に行くことはなかった。しかし、室町時代には、将軍が家臣の家に「御成」になることが多かった。こうした貴人を迎えるための建物として、会所が発達した。

会所はどの邸宅の場合でも、山水に面し、飾り立てられ、「極楽世界荘厳もかくのごと

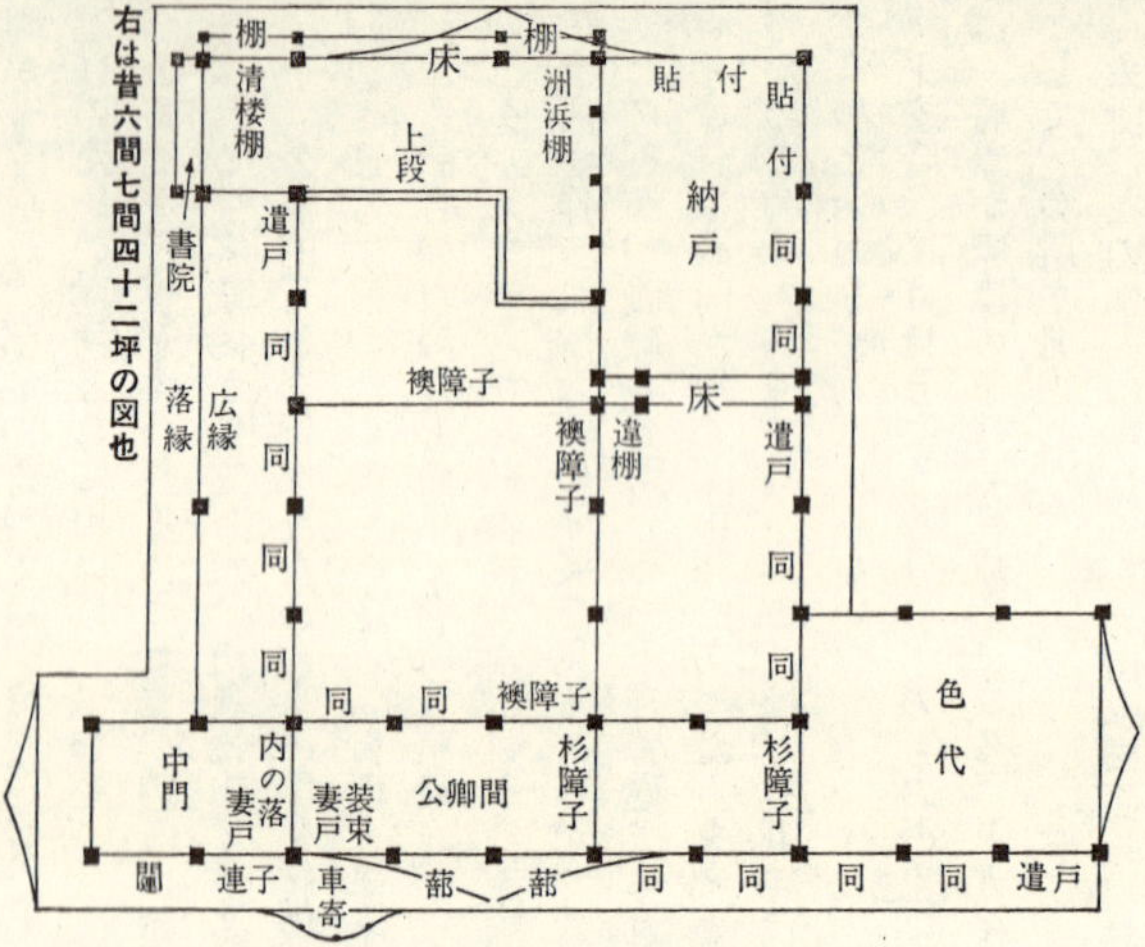

IX－3　書院造平面図（『匠明』）

きか」といわれた立派な建物で、貴人との対面、接待の場所であった。

応仁の乱以後、寝殿が作られなくなってからは、これが邸内最上の建物となり、書院造の「広間」となるのである。

室内意匠の変化

「広間」は前に掲げた『匠明』に、「昔六間七間ノ主殿之図」として描かれている。これでみると、南側に床・棚・付書院《つけしょいん》をもった上段の間があり、その北に納戸（寝室）がつくられ、座敷の南には広縁がつき、東南に出入口である中門が突き出している。

前掲の配置図（IX－2）では、御

成御殿や御寝所などがどのような平面であったかはっきりしないが、略図ながら、大体広間と同様の平面らしく見えるし、二条城二の丸書院の「大広間・小広間・御座の間」が、いずれも同様の平面でできていることから、どの建物も、ほぼ同様な間取りだったと考えてよかろう。『匠明』の図では立面は描かれていないが、これと全く同じ間取りを持ったものに、園城寺光浄院《おんじょうじこうじょういん》客殿がある。この建物と『匠明』の図との違いは奥に上段がないこと、色代のところが別の建物への通路になっていることだけで、他はほとんど同じであるから、『匠明』に描かれた「主殿の図」の立面をここに見ることができる。

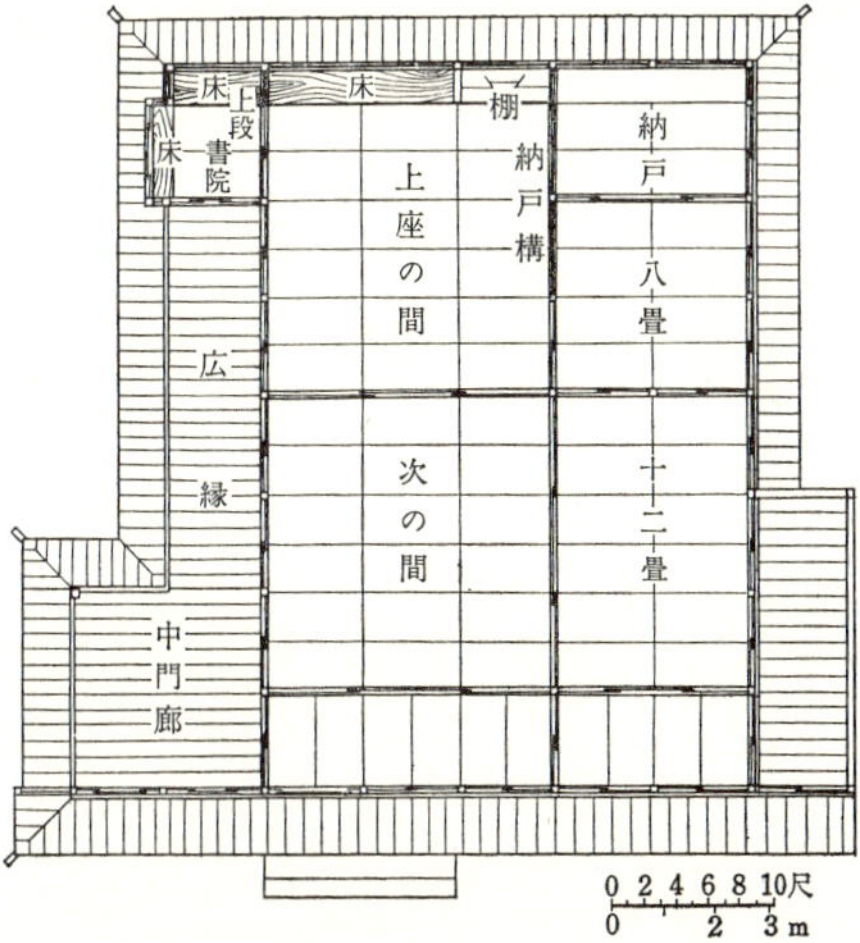

Ⅸ-4　園城寺光浄院客殿平面図

柱は丸柱から角柱となり、襖《ふすま》などの間仕切が多くなり、畳は敷きつめられ、外部の建具は蔀戸《しとみど》から舞良戸《まいらど》に変わり、寝殿造から完全な書院造に移っている。

上段は一五世紀の前半から文献に現われてくる。寝殿造では部屋は板敷で人が坐るところにだけ畳を敷いた。畳の縁《へり》の色や文様はそこに坐る人の身分によって違っていた。ところが、畳が部屋中へ敷かれるようになると、畳の縁で身分の差を表わすことはできなくなる。室町時代には、そこで、一方だけ畳を敷きつめ、一方は板敷のままにしたりして、部屋の格をつけている。これを建築施設としてはっきり表わすには、一方のユカを高くするのが一番簡単であり、これで身分の差を示すことができる。上段は、こうしたことから発生したものであろう。

上段の間の正面には床《とこ》の間が作られる。室町時代から桃山時代にかけての床の間は、正面の幅が広く、奥行は浅く四〇cmほどで、厚い一枚の板で出来ており、押板《おしいた》と呼ばれていた。押板には三幅一対、あるいは四幅一対といった懸軸《かけじく》が飾られ、前に香炉・燭台・花瓶の三具足《みつぐそく》が飾られる。

平安時代にも懸軸形式の絵画はあった。しかしそれは仏画で、鑑賞用絵画ではなかった。鑑賞用の絵としては、「障子絵」と呼ばれた壁・襖・衝立《ついたて》・屏風に描かれた大画面のものと、絵巻物とがあったにすぎない。

ところが鎌倉時代から、宋や元の絵画がたくさん輸入された。それは大体懸軸形式のものであったと考えられる。軸物なら、どこかに懸けて見なければならない。初めは天井の廻縁《まわりぶち》にかけたり、屏風にかけたりしていた。今日から見れば、まるで虫ぼしのようなものであった。しかし、これではいかにも不体裁であるし、襖のあるところは通路になるから懸けられない。自然部屋のなかで軸をかけるところは壁のところに一定してくる。そうなれば、そこを入りこませておいた方が、前に三具足をならべるにも都合がよい。押板発生の原因はこのように考えられる。そして押板が文献に出てくるのは、上段と同じく、やはり一五世紀の初めころである。

棚は寝殿造では日用品などを入れて、座右におく家具だった。二階棚だとか厨子棚《ずしだな》だとか呼ばれるものがそれである。付書院は出文机《だしふづくえ》といわれて、机の作りつけになったものであった。しかし、これらも、宋・元の工芸品がたくさん入ってくるようになると、それを飾る場所となった。

一四三〇年（永享二）に将軍義教は醍醐に花見に行っているが、義教が接待をうけた金剛輪院の会所の上段の間には次のような飾りつけがしてあった。

床の間——出山釈迦と寒山拾得《かんざんじつとく》の三幅一対、三具足、香匙台《こうひだい》、香箱、火箸《ひはし》

棚——食籠《じきろう》、小壺、小盆、草花瓶、唐木の卓《しょく》

付書院——水瓶、盆、印籠《いんろう》、水入、硯《すずり》、筆架、筆、墨、刀子、軸物、小盆

これで見ると、後の書院造の座敷飾りがこのころ揃っていたことがわかる。付書院は同じ工芸品を飾る所とはいっても、本来の用途が机であったため、飾られるものは文房具を主としている。

この場合、床の間・棚・付書院の組合せはどうだったかわからない。たとえば、義政の

東山殿の会所は図（Ⅷ－2）のように復原されているが、奥の「石山の間」は正面（北）に押板があるが、棚と付書院は東に並んでつくられており、『匠明』の図や、その他、近世の書院造に見られるもののように定形化していない。この会所は使い方から見ると、中央の「嵯峨間《さがのま》」とその西の六間（一二畳敷）とが主座敷として用いられていて、上段のついた座敷は私室的な用途になっている。これが『匠明』の図のようになるのは、やはり室町末か桃山時代になってからのことであろう。

付書院の反対側についている帳台構《ちようだいがまえ》は、納戸構とも呼ばれ、敷居を畳より一段高く、鴨居《かもい》は内法長押《うちのりなげし》より一段低く、四枚の襖の両脇を固定し、中央二枚を左右に引き分けるようにしている。帳台は寝殿造の寝所の名であり、寝室の前に居間をとるのが、古くから定まった形であった。寝室は閉鎖的な部屋であるから、その入口も狭く、小さな方がよかった。帳台構は昔の寝室の入口が、装飾化されたものであった。

しかし、広間が対面の場として長く使用されてくると、こうした寝室を伴った形はなくなり、居間兼対面所といった形から、対面だけの、寝室のない形に変わってゆく。そして主な建物の名称も広間から書院となる。

それとともに、寝殿造で玄関の役目をしていた中門廊もなくなり、代わって遠侍の近くにあって、日常の玄関としての役目をもっていた色代が入口としての機能を独占するようになる。したがって、もし寝殿造の余影を全く見ないものを書院造と定義するなら、その成立は江戸時代に入ってから、一七世紀中ごろ以後となる。『信長公記』やルイス・フロイスの手紙に見る安土城や岐阜城の記載には座敷飾りについては何も書いてないが、当然あったものと思われる。しかし、当時の人の目を一番驚かしたのは、金碧濃彩の障壁画であった。

障壁画は、前に書いたように平安時代からあった。いや、障壁画が鑑賞用絵画の主流だったのである。それは鎌倉時代にも、室町時代にも引き継がれていた。東山殿の部屋の名が、「石山間・嵯峨間・書尽間《かきつくしのま》・狩間」などと呼ばれているのは、主としてその部屋の襖絵による命名であった。襖や壁に絵をかかないことは、全くなかったのである。

しかし、室町時代の障壁画は、水墨系統のじみなものであった。ところが、信長は安土城の障壁画を狩野永徳に、秀吉は九州名護屋《なごや》城の障壁画を狩野光信に描かせている。不幸にしてこれらの絵は残されていないが、永徳や光信の作品は残っているし、他の画家のものを入れれば数多くの桃山時代障壁画を見ることができる。

これらは金箔を張りつけた上に、濃い色の、しかも、盛上げ彩色が施されている。桃山時代は、金の生産増による金の芸術の時代であった。金の上には、濃い強い色彩でないと目立たない。

安土城の内部は柱などは真黒の漆で仕上げ、壁や襖には金箔を押し、永徳の絵が描かれていた。こうした意匠はおそらく信長の考えに出たのであろうが、人の目を驚かすに足るものがあったに相違ない。

そして、このような強い色彩効果は、欄間《らんま》も竹《たけ》の節《ふし》欄間や筬《おさ》欄間のようなおとなしいまに残しておかなかった。天井も極彩色で飾られてくれば、欄間にも彫刻が必要になる。それはただ透彫《すかしぼ》り程度のものでは目立たない。丸彫りに金や濃彩を施した華やかなものが要求される。

襖の引手も、長押《なげし》の飾金具も、鍍金に光り輝いたものが必要になってくる。桃山時代の上流住宅は、こうして豪華絢爛たるものになっていった。桃山時代の書院は、大部分のものが亡びてしまったので、一流のものはほとんど見ることはできないが、その風は元和・寛永ころ（一七世紀前半）まで続いたので、われわれはそれを二条城二の丸書院や、西本願寺書院（口絵参照）などで見ることができる。むしろ欄間彫刻などの面からいえば、元和・寛永ごろの方が慶長年代より装飾的になったのではないかと思える。

慶長年間は城と書院の最盛期であった。しかし、それも変わる時期が来た。一六一五年（元和元）大坂城で豊臣氏が亡び、徳川氏の覇権が確立すると、幕府は一国一城令を出して、本城以外の城郭の破却を命じ、城の新築改築を禁止した。このため城郭建築は間もなく衰退してゆき、再び慶長年代の盛観を見ることはなくなった。

城のうちにあった書院の方は、格別の制限をうけることはなかったし、一六三五年（寛永一二）参覲《さんきん》交替の制が敷かれて、諸侯は江戸に邸宅を構え、その豪壮さを競ったから、豪華華麗な書院造は戦乱の世であった天正・慶長の間よりも、むしろ盛んであったろう。

しかし、このころから、茶室の影響により、彫刻や襖絵などを伴わず、土壁の簡素な数奇屋《すきや》風書院造が盛んになってきた。八条宮の別荘であった桂離宮や、紀州侯の別荘であった三渓園臨春閣《りんしゅんかく》などのように、この様式の邸宅は別荘に多く用いられた。西本願寺飛雲閣は聚楽第遺構というけれども、こうした一般的な傾向からみれば、おそらくは元和・寛永のころの建物であろう。

太平の世となって、大名も領地をふやすことができなくなった。領内からとれる米の量は定まっている。収入が一定なら、支出を抑えて収入以下にしておかなければならない。そのためには倹約を奨励して、年々増大する消費を抑制するより方法がない。これを誤れば経済的に破綻してしまう。幕府はこのため、早くから衣食住に関する倹約令を出しているが、明暦の大火(一六五七)以後、とくに厳重になった。

一六六八年(寛文八)の「家作之定」では長押作り、杉戸・付書院・結構な木の板敷・彫刻・組物・床ぶちなどの漆塗・欅造《けやきづく》りの門・唐紙貼付を禁じている。同時に出された町人あてのものには、とくに「座敷の内、絵書き申すまじき事」と障壁画の禁を一層はっきりさせている。このようにして、欄間彫刻や襖絵などによって飾られた豪華な桃山風邸宅の建設が一切禁止されたのである。

もちろん法制的な制約だけだったら、これが守られたかどうかわからないが、一方において守らざるをえない経済的背景があり、一方では茶室による飾りのない室内意匠の流行があったから、ここに飾り少ない日本住宅意匠が確立したのであった。こうして住宅の面においても、桃山の遺風はついに払拭されるに至った。

一〇　桂離宮

対立する二つの様式

　現在の伝統的な和風住宅の室内には、床の間の軸と花、違棚や付書院におかれた、わずかな工芸品があるだけで、装飾は非常に少ない。そこに集まる人が別離の宴を催すときならば、別れの宴にふさわしい懸軸がかけられるし、春なら春の花が、秋なら秋の花が活けられる。部屋の雰囲気は季節により、時により変えられ、固定したものではない。

　このような流動的な室内意匠は、日本ではごくあたりまえのこととして、だれも珍らしくは思わないが、外国の住宅に比べると、大変特色のあるものである。

　欧米の住宅も、最近では飾りの少ないものになってきているが、それは二〇世紀になって、近代建築運動が起ってからのことで、一五世紀から一九世紀のヨーロッパの宮殿は非常に装飾的なものであった。そのようすは赤坂離宮によって窺うことができよう。赤坂離宮はヨーロッパ近世の宮殿建築を模したもので、その内部は鳳凰の間だとか、エジプトの間だとか名づけられているように、壁から天井にいたるまで絵が描かれ、部屋の持つ感じは、これらの壁画・天井画によって固定されている。

建築は飾りたてられた装飾によって美しいのではなく、装飾のない、裸のままの姿で美しくなければならないとする近代建築運動の理念は、飾りのない、構造材がただちに化粧材となる日本住宅の造形とまったく一致する。ブルノー・タウトが桂離宮をはじめとする日本の住宅に讃嘆の声を放ったのは、このような意味からであった。欧州の装飾の多い近世の建築を見なれた彼にとって、それと同じころ建てられた桂離宮が、装飾のない美しさに徹しているのに驚嘆したからであろう。

しかし、日本の住宅も昔から今のように飾りの少ないものばかりだったわけではない。桂離宮と同じ、江戸時代初期に建てられた二条城の二の丸書院や、西本願寺の大書院などを見ると、その室内は障壁画・欄間彫刻・飾金具などで飾りたてられ、金碧濃彩の目をあざむくばかりの華やかさである。

桂離宮と二条城書院という、このような二つの異質的な様式が同じ時代に、同じ京都に共存していたことは、たしかに大きな疑問である。これについては、和辻哲郎の『桂離宮』の序文に、それがもっともよく表わされているので、ここに引用させていただこう。

この建築（桂離宮）は日光廟と時を同じくして製作されたものであるが、その日光廟と桂離宮とは、同時代の建築として同じ時代様式を示しているどころか、およそ建築として考えられる限りの最も極端な反対様式を示しているように見える。日光廟はあらゆる技術を悉く注ぎ込んで装飾に装飾を重ねたもの、言いかえればこれでもかこれでもかというように飽くことなく美を積み重ねることによって最上の美が作り出せると考えた態度によって作られたのであるが、桂離宮はちょうどその反対に、できるだけ装飾を捨て、できるだけ形を簡素にすることによって、かえって最上の美が現われるとする態度によって作られたものである。したがって日光廟を「結構」とか「美しい」とか感ずるような人びとの間から桂離宮のようなものは生まれてこないであろうし、桂離宮を美しいと感ずるような人びとの間では、日光廟のようなものは到底作る気持になれなかったであろう。それほど異なった二つの様式が、同じ時代に、しかも接触がなかったとも思えない人びとの間に、出現したということは、いったい何を意味するのであろうか。廟建築と住宅建築との相違とか、書院造りと数寄屋造りの相違とかいうことで、十分説明がつくのであろうか。その点どうもわたくしには理解できなかった。日光廟を美しいと感じた人たちは、住宅を美しくしたいと思う時には、やはりその様式を使っているように見える。茶室はそういう様式に対する否定の立場を示しているのであろうか。しかしそういう否定の中から桂離宮に示されているような形式感覚を生み出してきたのはいったい誰であろうか。いったい当時の武家の中に、眼前で行われている日光廟の製作に対して、否定の態度を執り得るような人がいたのであるか。

このような疑問を基にして、和辻は桂離宮に関する諸研究を読み、そこに引かれた史料から、「日光廟のような様式を否定し、その否定を様式として作り出すような人びとがここにいたのだという印象」を受け、その人びとの中心に八条宮を考えて、桂離宮の様式の成立を論じた。

わずかの史料を縦横に駆使し、建築と庭園の様式を細かに分析して進めたその論旨は、まことに見事なものであって、和辻ならではの感を深くする。私のこの小文も、この『桂離宮』に啓発されたところが少なくないが、私はここで、桂そのものだけでなく、もう少し広く、桂の建物の属するいわゆる数寄屋造が、どのようにして成立したかを、住宅史の上から概観し、それによって、豪華な書院造のある一方、同じころ一方においては桂のような簡素な書院造――数寄屋造が、なぜありえたかを説明しようと思う。

日本住宅意匠の伝統

桂の御殿とか、桂の御茶屋と呼ばれた今の桂離宮の建てられた江戸時代初期は、前にも挙げたように、二条城二の丸書院や西本願寺書院が建てられた時でもあった。

それは京都だけのできごとではなくて、江戸においても、諸侯の大邸宅は華美をきわめたものであった。たとえば松平忠昌邸の御成門は唐破風《からはふ》付の四足門で、柱に竜の彫刻がつき、冠木《かぶき》上に獅子をおき、貫・台輪・冠木などにはすべて地紋を彫り、扉に八仙人の彫刻をつけ、すべて金箔がおいてあったし、蒲生忠郷の御成門は柱に金で藤をちりばめ、扉に仙人・阿羅漢を彫り、世人はこれを日暮門といったという。今日ではすべて滅びて見ることはできないが、日光東照宮の陽明門のようなものだと思えば、だいたいの察しもつこう。内部のようすは明らかでないが、これら御成門の装飾からみて、やはり豪華をきわめたものであったに相違ない。

このような豪華華麗な様式は、武将がその権威の造形的表現として作りあげたものであったから、すべての造形芸術を駆使して、その権威を現わそうとした。それはまことに信長・秀吉らによって代表される桃山時代にふさわしいものであった。

これに対して、中世の芸術は禅にその基礎をおくから、枯淡というような概念で見られて来た。このため、住宅の室内も、質素な飾り気のないものというふうに、漠然と考えられ、華やかな装飾に包まれた住宅内部の様式は桃山時代になって、初めて誕生したものと考えられていた。

しかし、谷信一が「座敷絵について」(『室町時代美術史論』所収)において指摘したように、室町時代の建築内部は決して無装飾のものではなかった。たとえば、室町文化を代表する東山時代の中心、義政の東山殿についてみると、部屋には石山間・八景間・書尽間《かきつくしのま》・狩間・耕作間などという名がつけられている。これらはふすま絵や小壁《こかべ》にかけられた絵によって名づけられたもので、床の間には三本から五本の軸がかけられ、床・棚・付書院には花瓶・香炉・燭台その他多くの工芸品がならべられていた。

その状態は絵巻物でもみることができるが、住宅の新築にあたって招かれた人びとが「善を尽し、美を尽し」とか、「浄土荘厳《しょうごん》もこれには過ぎじ」とか、「華麗目を奪い、恍惚《こうこつ》夢境に遊ぶが如し」とかいう讃辞を述べていることからも想像されよう。

室町時代の住宅建築としては東山殿の持仏堂であった東求堂や、一、二の塔頭《たっちゅう》寺院の客殿などを残すだけで、主なものはすべて失われ、また室町時代以前の住宅は一つも現存していないのと、桃山文化の豪華さに目を奪われて、障壁画は桃山時代特有のものと思われ勝ちであるが、それは決して桃山の専有物ではない。室町時代の僧院においても、東山殿と同じような装飾性をもっていた。そして、それらは室町において始められたものではなく、もっと古く、少なくとも、平安朝以来の伝統を持つものであった。

平安時代の住宅は寝殿造と呼ばれる様式を完成していたが、その外観は、いまの京都御所にみるように、素木造、ひわだぶきで、色彩的には、しごくあっさりしていた。

しかし、内部は大和絵の色もあざやかな障壁画と、几帳《きちょう》や壁代《かべしろ》のはなやかな色彩、棚の蒔絵・螺鈿《らでん》で飾りたてられていた。寝殿造の室内に障壁画がいかに数多く用いられていたかは、家永三郎の『上代倭絵全史』に詳しく論じられている。

障壁画は住宅と運命をともにすることが多いので、室町以前のものはまったく残っていない。遺品がないために、昔の住宅の内部のありさまはよくわからなかったのであるが、文献的な研究によって、いまでは障壁画（昔は障子絵といった）の伝統は古くからのものであり、桃山の障壁画はその一つの開花ではあるが、このとき初めてできたのでないことが明らかにされるようになった。

昔の日本の住宅の室内意匠は、このように、現在みるような飾り少ないものではなく、非常に装飾的なものであった。しかし、一方これに対して、装飾の少ない、簡素な、自然的な風趣のものも、古くから好まれてきた。

唐文化の輸入が盛んで、すべての面で唐の模倣を考えていた奈良時代に、唐文化摂取の中心であった聖武天皇が、長屋王の佐保の黒木（皮付の丸太）造の別荘を見て、「黒木もち作れる宿は坐《ま》せどあかぬかも」と讃美されたことは、自然を愛好する日本人の態度がいかに古く、かつ根強いものかを、もっともよく物語るものであろう。

都のなかの本宅は、障壁画に飾られていても、郊外にある別荘は、装飾の少ない簡素なものであった。

このような伝統は永く後までもうけつがれている。たとえば兼好法師の『徒然草』には、「居たるあたりに調度多き」を「賤げなるもの」として排斥しているし、室町時代の上流住宅のうちには二条関白亭の黒木造の漱玉亭、北山殿の竹亭などが建てられ、宗珠の家は「山居の体、もっとも感あり」と記されている。また、寺院においても、四面竹林で山中の趣があるといわれた禅仙寺の無双亭などがあり、簡素な庭園建築が作られ、自然のうちに溶けこんだ風趣のある情景が好まれている。

日本の建築の美しさは自然に対抗し、自然にうちかって、人間の力を誇示するものではなく、あたかも森のうちの一本の樹木のように、自然のうちに溶け込んでしまうのが特色であった。したがって、材料についても自然のままの肌を喜び、その自然的な美しさをあくまで尊重した。

利休が草庵風茶室として「わび」を重んじた新しい美を創り出したことはよく知られているが、それ以前においても、相阿弥が「当時の座敷皆屛風共に絵候はで、白く成り候ひたること、是非に及ばず候」と嘆じているように、壁やふすまに、絵の描かれないものが生じてきた。しかし、それが広く行われるようになったのは、やはり茶道が盛んになり、草庵風茶室がひろまってからである。

草庵風茶室の完成

室町時代に起った茶道は、茶を行うための部屋を特別に作るようになった。茶道の祖珠光は茶室の壁の張付けを鳥子紙《とりのこがみ》の白いままとし、壁画を用いなかった。それは簡素ではあったが、貴族住宅の装飾の略されたものとして、消極的な意味を持つに止まるものであった。

しかし利休はさらに進んで民家の様式によった草庵風茶室を完成した。その特徴である小さな入口の「にじり口」、塗り残しの「下地窓《したじまど》」、壁に紙を張らない土壁、その他、丸太の中柱、突上げ窓、小さな窓の組合せ、大目《だいめ》畳など、みな彼の創案であると伝えられるから、彼が草庵風茶室の創始者であり、また完成者であると見てよかろう。

それまでの茶が名物の茶碗を用いていたのに対し、利休が、新しい今焼の茶碗を用いたことなど、茶における利休の創案を伝えるものが多い。彼の弟子山上宗二は利休の茶を「山を谷、西を東と、茶湯の法度を破り、物を自由にす」と記している。それほど利休の茶は利休以前のものと違った、創意に富んだものであった。

利休のわびは世捨て人の無抵抗の、隠遁者のわびではなくて、もっと積極的に、世の中に「わび」の芸術を新しく樹立しようとするものであった。

今日の状態からみると、貴族住宅と庶民住宅との間には、金のかかる、かからないを別にすれば、本質的な違いはないようにみえる。しかし、昔は、この両者の間に非常にはっきりした違いがあった。

日本住宅の特色の一つとして挙げられる開放性は、貴族住宅ではたしかにそうであるが、民家は決して開放的ではなかった。江戸時代の民家でも、中期以前のものを調べると、広い開口部はなくなって、せいぜい半間の開口しかあいていない、したがって、民家は壁で大部分が閉されており、そこに小さな窓が設けられる。これは一つには保温のためであり、また一つには建具を作る費用の節約であった。開放的な和風住宅に比べて、壁の多い閉鎖的な茶室の作り方は、それが貴族住宅の系譜に連なるものではなく、庶民住宅の系統に属することを雄弁に物語っている。貴族住宅では壁を用いることは少なかったが、あれば必ず張付壁《はりつけ》とし、絵が描かれた。これに対し、茶室の土のままの壁が庶民住宅のものであることはもちろんである。壁の少ない貴族住宅には窓もない。しかし、周囲がほとんど壁の庶民住宅には窓があけられる。その窓も、そまつなものでは、壁を塗り残して、下の木舞《こまい》竹をみせた下地窓か、外に竹格子をうった窓で、社寺のような太い格子を入れた連子窓《れんじまど》は造られない。

貴族住宅の柱は室町時代には丸柱から角柱になっていた。しかし、民家では大きな材料から正方形断面の角柱をとるのは大変だったから、丸味のついたものや、曲ったもの、皮つきのものや、丸太などを用いていた。その状態は今日の民家でも見ることができる。茶室の面皮《めんかわ》の柱や丸太柱などが、民家の柱と同じであることはいうまでもない。

このように見てくると、草庵風茶室は当時の貴族住宅とまったく違った系統の、民家の様式によったものであることは明らかであろう。しかし、茶室は民家そのものではない。どのようにそまつな、自然のままの材料を用いたにしても、ただ漫然とそれを用いたのではない。民家のうちに、新しい美を発見し、それをあくまで追求して、秀吉の豪華な書院造にも劣らぬ、新しい建築美を創設したものである。

利休を初めとする当時の有名な茶人たちは堺や博多の商人であった。かれらは倉庫業兼貿易商であって、父祖以来進取の気象に富み権威に屈しない不屈の商人魂を持っていた。山崎合戦の後、「われなりとまんずる月のこよひかな」と月の満ずるにかけて秀吉の慢ずるを歌った津田宗及や、秀吉に抗して耳鼻をそがれた山上宗二などによっても、かれらの態度を知ることができよう。

彼らの富は信長・秀吉も一目おくものではあったが、しかし、権威と、富の絶対量においては、彼らといえども武将たちの下に屈しなければならなかった。豪華のかぎりをつくす点においては、彼らはとうてい大名たちの敵ではなかった。しかし、彼らは貿易を営んでいる関係もあって、外来の名器に接する機会も多く、またこれを多く所蔵もしていた。美術品に対する鑑賞眼もすぐれ、美に対する十分な教養をもっていたであろう。彼らは成りあがりものの、教養のない武将たちに、無条件に屈する気にはどうしてもなれなかったであろう。

利休たちは富裕な商人とはいうものの、江戸時代の豪商たちのような、立派な家に住んでいたのではなかった。堺の納屋衆《なやしゅう》の家はよくわからないが、利休の家の図と伝えられるものも、そう大きな家ではない。奈良の例でみると奈良の三十六人衆の一人で、北野大茶湯にもでた坂東屋常勘の屋敷の間口はわずか六mであったし、越後に五万石を領し、秀吉に金を献じた蜂屋紹佐の屋敷の間口は二〇mであった。これから考えても、町家にはそう広いものはなく、堺においても同様であったと考えられる。茶室の庭が路地といわれるのも、町家の狭い庭から出たことを物語るものであろう。

茶人たちの家は田舎の農家よりは立派であったろうけれども、それは貴族住宅の系統に属するものではなく、やはり庶民住宅に属するものであったろう。柱なども丸味のあるものが用いられたろうし、開放的なものではなく、かなり閉鎖的なものであったろう。

彼らは、なり上り者の武将たちに対抗して、新しい芸術、茶道を完成した。茶道の世界においては、秀吉も利休の下に屈しなければならなかった。この新しい芸術としての「茶」の行なわれる場所、茶室は、おそらく彼らが彼ら自身の家のうちに、新しい美を発見しこれに洗練を加えて創り出したものであろう。

民家のみすぼらしい柱や壁や天井は、こうして新しい建築美の構成材にまで高められた。それは新しい建築材料の発見であり、貴族住宅に用いられても、おかしくないだけの地位を獲得した。

昔の建築の設計

これまで述べてきた日本住宅の伝統は、あくまでも背景であり、桂という一つの作品が造り上げられるためには、この伝統の上に立って、それを作品として纏めあげる人間が必要である。その人はいったい、だれであったろうか。

今までの多くの人びとの研究にもかかわらず、桂の作者はまだ明らかにされていない。小堀遠州は少なくも江戸中期以後から桂の作者として伝えられてきたが確証なく、森蘊の中沼左京説も難点がある。また桂の創立者、八条宮智仁親王御自身の設計と考えるにしても積極的にそう断じうる史料はない。

これらは将来、新史料の発見によって決定されるべきものであるが、これについても、もう少し当時の建築・庭園の設計が、どのようにして行なわれたかを考えてみよう。

遠州といい、左京といい、またその弟子たちの作と考えるにしても、これらの人びとは今いう技術者ではない。にもかかわらず、これらの人びとを作者として少しも怪しまないのは、どういう理由によるのであろうか。

たしかに、茶室などの設計が、工匠たちの手によらず、茶人によって行なわれたことは事実であろう。茶室の各部について、利休はじめ多くの茶人たちが、いろいろな工夫をしたことが伝えられているし、茶室の各部の寸法についてまで、誰々好みといわれていることは、これを証している。小堀遠州は伏見城・二条城・大坂城・江戸城・仙洞御所などの作事奉行を勤め、建築工事に関係が深く、また遠州の作と伝える茶室・庭園の多いことなどから、彼が茶室や庭園の設計をしたと考えてよいであろう。

堀口捨己が引いた利休の手紙でみると、利休は前田家の造営にあたり、相談にあずかったばかりでなく、茶室については「数寄屋の事は我等才覚」といって、その全責任を負っているから、少なくとも茶室については利休を設計者とすべきであろう。

桃山時代に書かれた大工技術書に『匠明』という五巻の巻物がある。これは平内政信が一六〇八年（慶長一三）に書いたもので、後に江戸幕府の大棟梁の家柄となった平内家の秘伝書であり、現存する最古の大工伝書である。

この本は木割《きわり》といって、建築の各部の比例のとり方を記し、建築設計の基準を示したものである。堂・塔・社・門・殿屋の五巻からなり、書院造については殿屋集一巻をあてているにもかかわらず、当時の大邸宅のうちに、かなりの比重で設けられた茶室の木割については、一行の記載もない。当時、茶室の設計が工匠たちの仕事でなかった、何よりの証拠であろう。

昔の建築の設計が、どのようにして行なわれたかは、断片的な史料から推測するより仕方がないが、それでも、今日の建築家のような職業が確立していなかったことは確かである。というのは、設計者と施工者とが分れていなかったという意味ではない。設計者として、工匠だけがこれに当ったのではなく、建築の注文者も設計の一部あるいはかなりの部分を担当していたという意味である。

桓武天皇は羅城門の工事を途中で見られて、高すぎるから五寸低くせよといわれた。その後、完成したときに、前に五寸低くせよといったが、もう五寸低くしておけばよかったといわれた。これを聞いた大工は、大変なことになったと驚いた。というのは、五寸低くせよといわれた時には、かなり工事が進んでいたので、低くするのは大変なことだった。そこで、仰せの通りしましたと偽って、そのままにしておいたのが、バレたかと思ったからである。これは真偽のほどもわからないし、大ざっぱな話なので、直接設計に携わった例とはいえないが、平安朝末の鳥羽勝光明院の造営にあたっては、上皇とその近臣たちが大工を指揮し、計画面での重要な決定をし設計を進めていった過程が、当時の公家の日記『長秋記』に詳しく記されている。このような例からみると、平安時代の建築は工匠たちだけによって設計されたのではなく、設計者のうちには注文者側の人びとも入れなければならないことがよくわかる。

寺院建築の場合でも、鎌倉時代の初めの、東大寺の再建事業でみると、大勧進となった僧重源は、この事業の総指揮に当っただけでなく、技術的な、かなり細かな面まで指揮し、工事を進めている。東大寺の再建は大仏様《だいぶつよう》あるいは天竺様といわれる、宋の様式を採り入れた新様式によっているが、これは重源によって行なわれたことが認められ、建築の設計者としては、工匠たちよりも、むしろ重源を挙げなければならないと考えられる。

もちろん、純粋に技術的なことは工匠たちの仕事であるから、設計にあたってもその力を借りなければならなかったのは当然であり、また建築によっては工匠たちの設計に占める比重の大きいものもあったろう。

昔の建築の設計の、このような仕方を考えると、利休たちが茶室を設計したというのも、そう不自然なことではない。木造の場合、とくに住宅などでは、今日でも設計は実際に施工しながら行なわれる。建てながら、実際にそこに材料をあててみて、その大きさ、位置を定めるといったこともある。茶室の場合など、ものが小さいから、当然このような方法を使ったであろう。図面だけから、完成したときの姿が十分頭に描けなくても、実際に作ってみて、なおすのなら、技術的なことはそう知らなくても、設計は可能である。

昔はこのような状態であったから、今日と比べると、一般の人びとにも、建築を設計する能力があり、またそれが要求されていた。したがって、工匠以外の人びとの建築に対する理解も、今日よりは数等上であったろう。そのうちに、すぐれた設計者が何人か生まれることも当然のことと考えられる。

このような伝統のもとに、利休も生まれたし、遠州も生まれたのであり、それはひいては、八条宮がその一人であったとしても、それは不可能なことではなかったはずである。

数寄屋造の成立

中世の寺院には多数の専属の工匠がいた。鎌倉時代には大寺院にだけ、これらの工匠集団があったが、室町時代になると、大寺院のうちの子院や坊ごとに工匠の集団ができるようになった。これらの工匠集団の長を大工といったが、大工は興福寺でみると、惣寺大工は世襲ではないが、子院の大乗院や一乗院の大工は世襲であった。そして、惣寺大工はこれら子院の大工のうちから任命されたから、実質的には大工となる家柄が定まっており、自由任用制ではなく、世襲的なものであった。

古代の律令制が果してどの程度まで、その才能による登用制を守りえたかは疑問であるが、平安朝初期などでは、低い身分の出でありながら、技術者としての腕を認められ、技術者として登りうる最高の地位についた例もあり、少なくも原則的には世襲ではなかった。世襲となると、才能のないものも、上位の技術者となり、多くの人たちを指揮し、あるいは大きな建築の設計に携わらなければならない。このような世の中では木割書のような設計の基準が存在することは便利でもあり、必要でもあった。

木割書は前述の『匠明』以前のものも、完全な姿ではないが残っており、室町時代から存在していた。基準の存在は設計を容易にし、水準以下のものができないようにする効果は大きいが、それがまた自由な制作活動を束縛し、活発な創作意欲をそぐことも考えられる。木割書で育った工匠たちは、次第に職人的存在となってゆき、殻を破って新しい様式を樹立する力を欠いていった。

新しい様式の樹立は、このため工匠のうちからは起らず、むしろ、技術的には素人である人びとによって始められた。

安土城はそれ以前の城郭・住宅の型を破った画期的なものであるが、『安土山記』に「府君（信長）の一胸襟より流出せるのみなり」と記しているように、その設計の基本は信長によって示されたものであろう。

安土城などに示された豪華な様式に対して、それと全く反対の「わび」を主とする草庵風茶室が、千利休によって創始されたことは、誰もが認めるところである。

これらはともに、工匠的理念をはるかに超えたもので、当時の工匠たちの、到底よくするところではなかった。茶室の意匠を採り入れて新たに造りあげられた数寄屋造と呼ばれる、桂離宮を初めとする一連のものも、やはり、それは工匠の手によって始められたものではなく、作者は工匠以外にこれを求むべきものであろう。

武将による豪華な書院造、町衆から出た茶人によるわびの草庵風茶室、この二つの対比した新しい建築様式が確立したとき、朝廷を中心とする公家衆は政治権力の外にあり、経済的にも富裕ではなかったが、高い文化的教養を持ち、伝統的文化の保持者としての権威を保っていた。

鎌倉時代から室町時代の建築を見ると、住宅風の、素木造で飾りの少ない、こぢんまりとして瀟洒なものが多く見うけられる。鎌倉時代の初めの『世俗深浅秘抄』には、柾目《まさめ》がいいとか、板目がいいとかいう言葉がでていて木材の肌に対する感覚が重んじられていたことがわかるが、上述の素木造の住宅風仏堂は、日本人の木の肌に対する愛情をよく示している。

このような、自然のままの材料に対する愛着は、おそらく古代からのものであろうが、それを受けついできたのは、だれであったろうか。もちろん、それは日本人一般についていえることであろうが、その中心は新興の武士や町人衆ではなく、古代文化の継承者である公家がその中心であったことは、容易に考えられるところであろう。

公家の住宅は平安朝時代以来の寝殿造の系統をつぎ、室内には障壁画も描かれていたであろうが、それも、もちろん武家の殿館のような豪華なものではなく、その経済的窮迫は、装飾の比較的少ないものへ向っていったであろう。しかし、公家の伝えてきた伝統的な造形感覚は、たとえ貧しくとも、そまつなものではなく、洗練された趣味をもったものであったに相違ない。

新しい芸術、茶道が公家の間にも拡まっていったとき、彼らは茶室をどのように見たであろうか。金箔で飾りたてられた武将の殿館と違って、金はなくても、材料の選び方と、その使い方によって、最高の美を生みだすことのできる茶室、それに連なる茶室風の座敷は大きな魅力であったろう。

それを自分たちの家に採り入れ、新しい住宅様式を作ることは、彼らが祖先以来うけついできた教養と、洗練された造形感覚とによって可能であった。

とはいえ、彼らの本邸においては、永年伝えられてきた生活様式があり、公家的行事もあって、格式的なものを必要とするから、庶民風の茶室の様式を採り入れることは困難であった。しかし、別邸はそれらの慣習からは離れた存在であり、花鳥風月の風流を楽しむところであるから、材料の自然のままの美しさを重んじた茶室の造形は、一番適したデザインであった。

八条宮が桂の造営にあたり、はたしてどれだけ設計にあたったかは明らかでない。しかし「古今伝授」をうけ、当時の最高の文化人であり、平安朝以来の公家文化の伝承者である八条宮は、数寄屋造の傑作桂離宮を作りうる人の一人と考えてよいのではなかろうか。

一一　江戸の防火

昔の人の火災観

平安朝もかなり早い九―一〇世紀に深紅の色を火色といって、その色の衣を着ることを禁じている（『政治要略』）。火事は人の力を越えたものとして考えていたからであろう。したがってこれを防ぐには祈禱を用いた。頼朝が一一八〇年（治承四）鎌倉に入ったときの邸宅は兼道の家を移したものであったが、この家は正暦年間以来二〇〇年も火災に遭ったことがなく、それは「晴明朝臣鎮宅の符を押すの故」であった。（『吾妻鏡』）

上代の内裏や貴族の邸宅に火災が多いのは、勢力争いなどによる放火が、かなりあったのではないかと考えられる。九六〇年（天徳四）平安内裏は第一回の火災に遭い、その後しばしば焼けるが、天徳災後新造の内裏には「つくるともまたも焼けなむすがはらや棟の板の間合はぬかぎりは」という歌が柱に記され、その後の運命を暗示していたという。（『扶桑略記』天徳五・二・一六）

その原因は何にもあれ、一度火災となればすべて焼き尽されてしまうのであるから、昔の人が火災を恐れたのは大変なもので、火という字は忌みきらわれた。塔の九輪の「火災」は「水煙」となり、火事のことを「水流れ」といった（『日本書紀』天智六・三）。また新居ができて、目出度い、わたまし（転居）の時の花の「一切あかきは猶嫌ふなり」と花道の伝書にいうのは（『仙伝抄』）、火の色をきらったのである。

しかしなんにしても、火災の恐しさといえば、都市の発達した近世のそれに比較すべくもない。江戸は人口一〇〇万を越えるという大都市であったが、開府以来明治維新に至る二五〇年のあいだに、長さ二kmに及ぶ大火が一〇〇回近くもあり、しかもその多くは日本橋・京橋の繁華街であったから、そこは一〇年に二回以上も火事に遭ったことになる。二、三月の湿気少なく、しかも風が吹くころ、一度どこかで火を失すれば、江戸の町はたちまち火の海と化してしまう。「乾《いぬい》の風又烈しく吹出で、土風天を襲ひ、日の光見えず、如何なる事か出来んと、諸人安き心せざるところに」（『元延実録』寛文八・二・六）というように、戦々兢々たる有様であった。このような日には「あはやといはば火事起ると覚悟をきはめ、用事あるとも出で行かず、おのれおのれが住家に居て、火の用心こそ専要ならんと、われ人に下知し人またわれを諫め、相共に力をそへ、戸ざしを固め、食をしたため、ややもすれば四方を見やり、万事をなげうち、思ふはこの事ばかりなり」（『天和笑委集』天和三・一・一八）というほど用心しても、火事はどこからともなく起って、人々の家を焼き尽したのであった。

初めのうちはそれでも「人一代に如何様火事に逢申すものと見へ申候とて、火事に逢申し候はば、此節にて御座候と祝申す事に候、其上御金沢山に拝領仕候、やがて家をも作り申すべしと有難き仕合せに存じ奉り候」などとやせ我慢をいっているが（『細川家記続篇』）、一代に数度も火災に遭うようになると、その火災観は変って来る。一六九八年（元禄一一）の火災に新井白石の家も焼けて、仮屋建築料として五〇両幕府から下賜されたが、白石は「賜ひしところを以て、それら（屋舎什器）つくらむ用に充てなんにも、此所火災しばしば行はれぬれば、又焼け失することもあらむには此恩も終にむなしくなりぬべし」といっている（『折焚柴の記』、白石の家はこの言のように、五年後にまた焼けた）。「九年以前申《さる》之年より今年辰之年迄に、此所（本郷おかご町）四度焼申候」（『御当代記』貞享五・四・五）というように、二年に一回焼けた例も少なくなく、ひどいのは「作事シテカコヒモ取ラヌ其ヒマニ、亦ヤキ捨シ江戸ノイへイへ」（『玉滴隠見』）という状態であったから、財産を貯えたとて何にもならず、宵越しの金を持たぬ江戸子気質が発生した。

近世以前の防火対策

昔の人とて、火災は運命なりと諦めて、ただ祈禱にのみ頼っていたのではない。すでに、養老令（七一八）に「凡そ倉は高燥の処に置け。側らに池渠を開け。倉を去ること五十丈の内に館舎を置くことを得ざれ」と定められ（『令義解』）、防火用水を備え、他の建物より離して延焼を防いでいる。これが史上にみえる防火対策のもっとも古いものであるが、これだけでは「一倉火を失すれば、百庫共に焼く」のを防ぎ得ないので、七九一年（延暦一〇）に至り「自今以後、新に倉庫を造る、各相去ること必ず十丈以上なるべし」と倉庫間の距離を定め（『類聚三代格』）、また七八三年には「土倉」を作って火災を防ぐようにしており、これは屋根まで土を塗っているから、塗屋造の先駆とみるべきものである（『貞観交替式』）。しかしながらなぜか、この土倉を造ることは七九〇年に停止されている。

このような土倉は国衙や荘園の倉庫だけでなく、商業の発達とともに問屋・高利貸の倉として用いられた。鎌倉時代の初め、一二三四年（文暦元）京都の七、八条には「土倉員数を知らず、商賈充満、海内の財貨只其所に在り」（『明月記』文暦元・八・五）とあるごとく、土倉が建ち並んでいた。その構造は明らかでないが、『春日験記絵』（一三〇九）中の焼残った倉の図から塗屋造と考えられる。商業用の倉庫ばかりでなく、学者の書庫も、一度火災に遭えば、かけがえのない貴重な記録を失ってしまうので、特に防火に意を用いたものであった。有名なのは藤原頼長が一一四五年（久安元）に作った文庫で、それは次のごときものであった。「四方皆之を拵ふるに板を以てしその上石灰を塗り、その戸は蠣柄《かきがら》を塗る。剝落せしめざる為也。葺《ふ》くに瓦を以てし、倉を去る六尺、芝垣を築く。広さ七尺高さ一丈三尺、芝垣外溝を掘ること三尺、広さ二尺、その外竹を栽へ廻らし、その外尋常

XI－1　焼残った土蔵（「春日験記絵」）

の築垣あり」。（『台記』天養二・四・二）

この他、中世における防火的書庫としては、正宗竜統が一四六四年（寛正五）建仁寺霊泉院の側に建てたものがある。それは壁を五—六寸の厚さに塗った土蔵造で「四面上下皆土」であった（『秘密蔵記』『五山文学全集』五）。しかしこれらは貴族間にもそう広く用いられたのではなかったらしく、応仁の兵火に一条兼良の累代の珍籍三万巻は焼失し、わずかに「一宇の文庫は瓦を葺き、土を塗りしるしにや、余焔には遁れ」七〇〇合の蔵書のうち一〇〇合が残ったに過ぎなかった。（『筆のすさび』）

近世前期の防火対策

火災を防ぐため第一に挙げられるのは火の用心であろう。火元の取締りについては、非常に注意しており、「当月（一〇月）より来る三月迄、烈風吹候日に、家持は申すに及ばず、借屋、店借の者共、他出仕らず、宿に罷り在るべく候。他出候共、俄に風吹候はば宿へ罷り帰るべく候」(『徳川禁令考』五)といっているほどである。

火気取締については今日の常識で考えられぬほど厳重で、煙草・花火を禁じ、二階で火を用うることを許さず、「うどん、そば其他何によらず、火を持てありき商売すること」も一切禁止されたのであった。(『徳川禁令考』五)

また警戒のため夜番をおき、風の激しいときは屋根番をおいて見張りをさせ、各家の「火たき所其他を、名主・月行事《つきぎようじ》家ごとに巡り、つぶさに点検し、竈其他火たき所の屋根近きか、または火のためによからぬは、すみやかに改造」させた。(『徳川実紀』貞享三・三・二二)

火事は失火によるものばかりでなく放火もあった。遺恨によるもの、あるいは火事場泥棒を働くためのもの、あるいは治安攪乱のためのものなど、かなり多かったらしく、「世ノ中ニカツテ火付ノナカリセバ、江戸ノ人々ノドケカラマシ」(『玉滴隠見』)という狂歌さえある。そこで幕府は一六八三年(天和三)火付改めを置き放火を取締り、放火犯は火あぶりの極刑に処した。

いかに火の出ることを注意したとて、全くこれを防ぎうるものではないから、できるだけ早く消火に努め、大火にならないようにしなければならぬ。そこで幕府は町ごとに防火用具の整備を命じた。すなわち、一町につき井戸八、水槽四、梯子六、手桶六〇を備え、かつ家ごとに間口の広さに応じ手桶三―一〇を備えさせ、出火に当ってはその前後左右九町のものは馳せ集って消火に尽力すべきことを命じている。(『徳川禁令考』五)

初期の消防は大名火消で、一六二九年(寛永六)大名十数家に対し、一万石につき三〇人の割合で消防に従事することを命じているのが初めである(『営中御日記』六)。幕府は大火または警火の必要に応じて随時その任に当らせた。これを増火消といっている。大名火消はその後区域を定め持場をきめて消防に従事し、方角火消と呼ばれている。

この大名火消に対し、旗本を長とし、抱えの火消人夫をおいたものが定火消《じょうびけし》であって、江戸の正規の消防であった。これがおかれた年代は明らかではないが、明暦大火の翌年には四組をおき、飯田町・牛込佐内坂・御茶の水・麴町に役屋敷を与え、火消人夫抱え入れの費用として各組三〇〇人扶持を給した(『吏徴別録』万治元・九・八)。その後次第に増して一時は一五隊となったが、一七〇四年一〇組となり幕末まで続いた。火消役は部下に与力・同心を従え、人夫は「がゑん」といわれていた。

これらの消防の消火法は要するに延焼防止であって、「すき間なく立並び、手に手に獲物を横たへ、多くの器物に用水をたたへ防ぎの用意をなし」、火の手がかかって来たならば「十分が六つは屋根に上せ、相残る四つは下にあって、井水用水を汲み上げ、手繰にし水をかけ」上役は下にいて、「やあ汝等五体苦しきとておめおめそこを退くな」と勢い荒く下知をし、辛うじて火のうつるのを防いだのである（『天和笑委集』）。したがって負傷することと多く、大火の際には「火けしの衆出で申候分は、大かた相果て申候」（『忠利宿禰日記』）であった。

延焼防止にはまた破壊消防を行ったのであって、浅野長直は「名誉なる火防の上手」で長直が出れば、「諸人最早火事鎮り申すべき由申候」といわれた人であったが、それは、「かねて梁等御切置候哉、長屋へ火燃えつき候と、其のまま引崩し、火留り申候」という破壊消防であった。（『松雲公御夜話』）

いくら火消が生命を賭けて防火につとめても、建ち並ぶ家はみな草葺・板葺であったから、なかなか消すことはむずかしかった。一六〇一年には草葺を板葺にするよう命じているが（『慶長見聞集』慶長六）、その後しばしばカヤ葺・草葺に土を塗ることを命じているから、草葺のままのものも多かったらしく、こけら葺・そぎ葺は蠣殻葺とすることを命じていて、当時の民家はみな草葺・こけら葺の類であったことを示している。

このような家ばかりであったから、延焼を止めるには空地をおくより方法がない。すなわち明暦の大火後において、幕府は火除地《ひよけち》の設定を行い、その後、機会あるごとにこれを設けていった。明暦大火ごろのものを示すと、神田白銀町・日本橋四日市町には東西に長く土手を築き、上に松を植え、日本橋の大工町・中橋・長崎町・湯島・両国には広小路を、四日市・筋違門外・御茶の水・田安門外等には火除地を設けている（『東京市史稿』市街篇明暦三・一〇・二二、同四・三・一〇)。これらは明暦大火の災禍に鑑み、市民の避難のためでもあったが、延焼の防止を主目的としたものである。

明暦大火の死者を『むさしあぶみ』に十万人というのはいささか多すぎるようであるが、数万の死者があったことは疑いなく、すわ火事といえば、いかに法令で消火に努めよといったところで、逃げるより他に方法はなく、まごまごすれば死んでしまうのだった。しかし逃げるにしても家財は惜しい。人々は「家の建具板敷まではずし」これを車長持に積んで避難した。「つづら・たんす・屏風・衣桁・衣類・戸障子・鍋釜・畳・水桶・鍋蓋・惣じて一切の器物、あらゆる所の諸道具」を大八車に積み、「肩にかけ、前に抱き、後に負ひ、おめき叫んで持ち運び、大山の如く積み上げ」そのため消防の働きは意のごとくならず、また空地に積み重ねた荷物の山に火がつき、そのため焼死する人も多かった(『天和笑委集』)。幕府はこのため火災時に車に荷物を積んで避難することを厳に禁じたが、市民も財産の保護を計るため穴蔵を設けた。

穴蔵はすでに中世においても行われていたので、一四七八年の火災にあたり、具足等を穴蔵に入れたことが見えており(『親長公記』文明一〇・一二・二五)、江戸でも明暦大火以前にもあったことが知られているが、「此大火迄は穴蔵と申事人々存じもこれ無く候へば、人々車長持頼みにて諸道具焼失なり」(『後見草』)、あるいは明暦の大火後、人々が穴蔵をつくるので、江戸中穴蔵になってしまうといわれたように、明暦以後一般に行われたもののようである。

近世後期の防火対策

明暦の大火後、各種の対策が行われたことはすでに記したとおりであるが、これらの施策も大火を完全に防ぐことはできなかった。「丁酉の大火（明暦）の後、此災しばしば起りて、此災にかかる事十数度に至れる町々ありて、人々その所をやすくせず」という状態であり、しかも大火があるごとに、「万物の価騰《あが》り貴《たか》くして、その禍の及ぶ所も広」かったので（『折焚柴の記』）、幕府は家臣にその対策を立てさせた。これは一七一三年六代家宣のときのことであったが、防火対策に一段の進歩を見たのは八代吉宗の時代になってからであった。

吉宗の治世の初めである一七二〇年前後は、明暦ほどの大火はないが、相当大規模な火災が相ついで起っており、一七二一年には一、二月で六回の大火があり、「江戸城外大概焼失、江戸三分にして二分焼失、五十年以来未曾有」といわれている。（『基熙公記』享保六・四・九）

防火対策として火除地や広小路は明暦以後引続いて各所に設けられており、その主なるものとしては、神田川北岸一帯、神田橋竜閑町――橋町、虎の門外――半蔵門外、神田橋門外（護持院ヶ原）が挙げられるが（『東京市史稿』市街篇）、対策の重点はここにおかれなくなった。それは人口の増大、商業の発展に伴い、土地の利用度が高まり、都心地を空地のままあけておくことが次第に困難となってきたからである。

消防制度としてすでに定火消・大名火消の制が確立しており、定火消は常設の消防隊として一般市街の消火にも当っていたのであるが、これらはその性質上「火本に罷出で防ぎ見候て、風つよく御曲輪《くるわ》之内あぶなき体に候はば、火元を指し置、御曲輪内に火入申さざる様、防ぎ申すべき事」が任務であり（『令条記』正保三・三・一四）、「当代は御城の外は御焼捨の場との御定めにて、定火消は御城内ばかりさしおかれ候故に、年々かくの如くに焼けたきままに焼け候」（『白石先生手簡』）という次第であったから、一般市民は自己の力で消防を持たなければならなかった。これが町火消である。

火災のとき、近所のものが集って消火に従事すべきことは、古くから定められていたが、これが多少組織的になったのは明暦大火の翌年で、町により集合場所を定めている（『正宝事録』万治元・一〇・二八）。これが一層整備されたのは一七一八年であって、各町三〇人ずつ出す定めであった。ただしこの三〇人はやはりその町の住人で、「町々にて雇人など致置候義は堅く無用」であった（『市史稿』市街篇、享保三・一〇・一八）。この翌々年「いろは組」が定められ、纏《まとい》などもきまって次第に整備され、最初は他の町や武家屋敷の消火に行ってはならない規定であったが、だんだん町火消の実力が備って来たとみえ、数年後には定火消や大名火消の担当であるべき幕府の倉庫も町火消の担任となった。

このころの消防法は前代とあまり違わず、「風下は力に及ばず候へ共、脇を防ぎ候故、火口広がり申さず」（『兼山秘策』）であって、横への延焼を防ぎ風下は海か畑で焼けるものがなくなるところまでほっておいたのである。したがって当時の罹災地の図を作ってみると、幅に比して長さが著しく長いことがわかる。

享保頃の消火法は破壊消防をすすめており、道具としては、長桶杓《ながびしやく》・つるべ・梯子・水鉄砲・とび口・斧・さす又等が挙げられている。火の見櫓が設けられたのも享保年間のことであり、これにつづいて一七五六年には原始的なポンプである竜吐水《りゅうどすい》が作られ（『正宝事録』）、消防法には若干の進歩のあとがみえる。

しかし何といっても、吉宗の防火対策のもっとも特徴となるのは防火建築の奨励である。消防力を増し、空地を作ったところで、飛火のためすぐ燃えるような家が建ち並んでいたのでは大火を防ぐことができない。江戸時代中期以後の防火策はここに重点がおかれた。またこのころ防火に関する本が数種出ていることも注目すべきである。（太田博太郎「江戸時代の防火書について」『建築学会研究報告』八、一九五〇）

塗屋造が防火的であることは古くから知られていたし、近世の城郭は防火のため、みなこれになっていたことは遺構よりみて明らかなところである。また江戸の市民も「大火事のできつる方を眺むれば、ただぬりだれの蔵ぞ残れる」（『玉滴隠見』）と歌ったように、その防火的効果はよく知っていた。しかしながら、明暦大火の後でさえ、瓦葺は贅沢だからといって国持大名にすら許されないことがあったように、屋根を不燃材料に、そして壁を塗り壁にすることは経済的に困難であった。また倹約を重んじ、格式を守らすために、町家の土蔵造・塗家・瓦屋根は「只今迄遠慮致し候様に」命ぜられていたのであったが、一七二〇年に至り、「出火の節防ぎにもなり、又飛火無之ため」普請勝手次第と定められた。(『御触書集成』享保五・四・二〇)

幕府はこの方針をもって積極的に家屋の不燃化を計り、一七二三年牛込の火災以後、旗本には禄高に応じて一〇年年賦で金を貸与し、強制的に瓦葺・塗屋・蠣殻葺とすることを命じている。この結果、武家屋敷は「享保の中頃迄、諸侯大夫の殿門表長屋の屋根の厚さ五寸七寸のこけら葺、横には瓦を置き、烏飛びいう木を渡し、井筒に手水桶を入れ、火敲《ひたたき》を添へ屋根に置き、腰板は栂・檜のきらびやかなりしに、度々の火災ゆゑ、用心の為にとて瓦屋根に造りかはり、腰板も腰瓦にかは」った(『嬉遊笑覧』)。このような屋根の不燃化が可能になったのは、桟瓦の発明により瓦葺が容易になったからである。(太田博太郎「桟瓦葺について」『建築史研究』一〇、一九五二)

一方町家は「五町十町に一つ二つ程も塗家に造り候者も御座候へ共、一町と続き塗家に造る者御座無く候」という状態であって、一般民家の構造も、「瓦葺に仕り候はば、柱棟木等も丈夫に建」てなければならない程度のものであった(『撰要永久録』享保五・二・一九)。したがってこれを防火的にするために、公役を免じたり、場合によっては金を貸して塗屋・土蔵造とすることを計ったが、多くの場合は蠣殻葺程度で満足しなければならなかったようである。

しかし、防火家作を命じた地域で、その制に副わないものはこれを咎《とが》めるなど、かなり積極的であったため、江戸の市街はかなり防火的になったらしく、「江戸中の家居、土蔵造りといふものに造られしより後、凡そ四、五十年以来、かかる大火といふものはなかりし」（『後見草』宝暦一〇・二）といわれている。

以上述べたのは江戸における防火策であるが、それは近世における他の地方都市においても同様であった。

これらの諸対策を通じてもっとも著しいのは、封建の世であったから、防火の第一の目的は江戸城であって、すでに述べたごとく、消防の配置、火除地の指定などには、もっぱらこれを基準として定められ、市街は「焼き捨て」とさえいわれていた。（『白石先生手簡』）

しかしながら、江戸城以外はいくら焼けてもよいというわけには行かない。江戸における諸侯の邸宅は、二五〇年のあいだに数回ないし十数回焼失しているのであって一回「東都の火災に邸第焚くれば、二、三年の邑入《ゆうにゆう》を出す」（『食貨弁』）のであるから、諸侯の邸宅が焼けることは、さなきだに消費の増大に苦しんでいる諸藩の財政を、一層苦境に陥らしめることとなり、また市民の罹災は物価・賃銀の高騰をきたし、諸侯の経費をさらに膨脹させる結果となる。大名の財政の窮乏は、江戸幕府の存立を脅かすもとであるから、幕府は江戸の武家屋敷はもとより、町家に対しても、防火上の処置を取らざるを得なかったのである。最初に設けられた白銀町・四日市の火除堤、中橋・大工町・長崎町等の広小路等は明らかにこの繁華街の防火のためであった。

享保に至って防火対策が強力に推し進められたのは、火災の頻発にもよるが、根本的には武士階級の経済的窮乏が進んだ結果、すべての点において財政の立直しが不可避となったので、防火対策もこの見地から積極的に推進されたのであろう。

しかしながらこれらの対策も、市街地の利用価値の増大と経済的能力の不足とによって、一は火除地の、一は防火建築の減少をきたし、幕府の権威の減退も一因となって、幕末に近づくにつれ、ふたたび非防火的な江戸の街に復する傾向が見られる。

刊本のない史料は『東京市史稿』の引用文によった。

一二　平城宮跡の発見

古美術保存のはじまり

明治維新の改革は各方面に大きな影響を与えた。諸事一新の気風によって歴史的なもの、伝統的なものは一切無用として捨てられた。社寺所有の建物も宝物も、邪魔もの扱いにされ、古いものを捨て去ることが、文明開化への第一歩だとさえ考えられた。

維新の改革によって経済的基礎を失った寺院は、江戸時代までのような多くの堂塔・子院を維持することができなくなった。しかも神仏分離の結果は廃仏毀釈にまで進み、廃寺になったり、合併された寺も多く、仏像・経巻その他の宝物も破毀され、民間に流出したものもおびただしい数にのぼった。

奈良の興福寺は江戸時代には子院数十を有していた。しかしそのほとんどは破壊され、公園となり、官庁となり、また民家となった。しかも五重の塔まで売り物に出された。ところがあまり大きいので買い手がなく、とうとうある古物商が塔上の九輪を古金物として値ぶみし、その値段で買うことになった。しかし塔を解体していては損だというので、火をつけて焼き払い、九輪だけを回収しようとした。

驚いたのは奈良の市民だった。いくら買った者の勝手だといっても、五〇mの高さの塔を焼かれたのでは、近くへ延焼する恐れがある。そこで近所の人たちが猛反対し、とうとうこの話は沙汰やみになった。興福寺でさえこんな有様だったから、各地の騒ぎは大変だった。

世間一般の風潮は、このように古い文化に一顧も与えなかったが、識者がまったく伝統文化の保存を忘れていたのではなかった。一八七一年（明治四）四月、大学から政府に集古館の建設と、古器物保存が建議され、政府はこの進言を容れて、翌月には「古器旧物保存方」に関する太政官布告を出した。これには、

古器旧物の類は古今時勢の変遷、制度風俗の沿革を知るために貴重なものであるが、最近は古いものを厭い、新しいものに飛びつくという流行の弊害があって、古いものはしだいになくなりつつある。これは大変惜しいことであるから、各地方で代々愛蔵していた古器旧物類を厚く保存し、その目録を官庁へ差し出すように。

との旨を記している。

太政官布告は出ても、古美術保存が政府の施策として取り上げられるまでには、かなりの時日を要した。これが具体化したのは、約一〇年の後、内務省が全国の古社寺に対し、

保存金を交付しているのがはじめてである。

この金は建物の維持修理に使ってもさしつかえないが、一般には社寺の維持基金といった性質のもので、利子をもって維持費にあてることを奨励していたようである。この保存金は一八八〇年から九四年まで、延べ五三九カ所、総金額にして一二万一千円になっている。

こういった保存金の交付によって、社寺の窮状をなんとか打開し、破壊の速度を遅らせるよう努力する一方、古美術の全国的調査がはじめられた。どんなものがあるのか、わからなかったからである。

一八八八年（明治二一）九月には臨時全国宝物取調局が宮内省におかれているが、実際の調査はこれより早く、明治一〇年代の後半から行なわれている。この中心になったのは、政府では九鬼隆一、学者では天心岡倉覚三であった。

天心は東京大学文学部に学んだが、ここでアメリカ人、アーネスト・フェノロサの教えをうけた。フェノロサは哲学の教授として明治一一年に渡日したが、美術にも造詣深く、旧藩主や富豪たちの所蔵する美術品を見て歩いていた。そして井上哲次郎の追憶談にもあるように、「初めは熱心に哲学を講じたのであったが、何時の間にか、一変して日本美術の愛好者となった」（井上哲次郎「哲学界の追憶」『哲学雑誌』、一九三四・一一）のである。

一八八二年にフェノロサが文部大臣以下朝野の貴紳の前で講演した「美術真説」は彼の絵

画論であるが、その後半は東洋画と西洋画の優劣論で、日本画の優秀なことを説き、
日本固有の画法の最良特美なるはすでに証徴する所にして、欧人は争ってこれを利用せんとす。

とまでいっている。彼はさらにこれに加えて、日本美術を振興すれば、織物・工芸などの美術品の輸出も増大するであろうと説き、その実益のあることを論じている。このような殖産政策にのった献言であったから、彼の意見が一般に与えた影響も大きなものがあった。

天心がはじめてフェノロサの講義を聞いたのは一八七八年であったが、二人が結ばれた機縁はおそらく天心の堪能な英語にあったろう。この結びつきが明治の美術界に偉大な貢献をした岡倉天心を生む基になったことを思えば、日本の美術界にとって、忘れることのできないことであった。

天心は一八八〇年に東京大学を卒業して、すぐ文部省に勤めたが、八二年には時の文部少輔、九鬼隆一に随行して関西に出張している。この出張目的が何であったか明らかでない。しかし、後の二人の関係から見て、古美術の調査であった可能性は強い。越えて八四年二月と六月には、また九鬼と関西に出張している。このときのことは『天心全集』によれば、「九鬼の旨をうけて古美術に関する事項の調査に従事す」としている。

これまで千年の間、秘仏としてだれも拝することをえなかった法隆寺夢殿の救世《ぐぜ》観音を、寺僧の猛反対を押し切ってフェノロサとともに見、世に紹介したのはこの時である。天心

はこの時の模様を、次のように記している。

像高さ七、八尺ばかり。布片経片等をもって、幾重となく包まる。近よりてその布を去れば白紙あり。白紙の影に端厳の御像仰がる。実に一生の最快事なり。(『天心全集』第六巻、「日本美術史」)

この古美術調査は引続き行なわれ、「臨時全国宝物取調局」の発足となったのであるが、この事業はその後、一八九七年までの一〇年間、美術品の調査を続行し、等級を定め、監査状を発行し、あるいは登録簿にのせるなど、その数は二一万件におよんでいる。このような調査の結果、全国的に古美術への関心が高まり、法律の制定により文化財保存の第一歩が開かれるのである。

建築史学の起り

一八九二年(明治二五)、工科大学造家学科を卒業し、大学院に進み、日本建築の研究をしていた伊東忠太は美術学校講師となり、岡倉天心と相知るようになった。伊東は天心の指導と示唆によって、日本建築史の体系を樹立しようと考えた。しかし、これはまったくの未開拓の分野であったから、その仕事は古い建物の調査と、文献史料の収集からはじめなければならなかった。

天心によってほぼ立てられていた日本美術史の体系は、建築史の体系をつくるにあたっ

て、大いに参考になった。伊東は一九四三年文化勲章受章のお祝の会で当時のことを、

様式的な観察で遺構の年代を定めるのには苦労した。幸い、美術学校の岡倉天心と親しかったので、毎週必ず一度は会って、時には夜を徹して論じあった。天心はえらい人で、すでに美術史のある程度の体系を作っていたから、その教示によるところが大変多かった。

と語っている。また小杉榲邨の教示も大いに力があったようで、私につぎのように語っている。

私が大学を出て美術学校の講師になったとき、博物館の嘱託にもなった。それで自由に博物館に出入できるようになり、絵巻物などを調べるのに大変都合がよかった。このころ、博物館には小杉榲邨、今泉雄作などの諸先生がおられた。小杉さんは技手であった。そして、いろいろこんな本もあるとか、あの本を読んだらよかろうとか、教えてもらった。私が建築史の体系を一応形造ることができたのは、まったく小杉さんなどの援助によるもので、これがなかったら、まったく五里霧中で、どうしたらよいかわからなかった。(一九四三年五月一七日談)

たしかにこういった歴史家の指導がなければ、読む本だって工科大学出身の伊東には選べなかったに相違ない。

このような諸先輩の援助により、伊東の日本建築史の研究はしだいに進んでいった。こ

のころ、彼はまた平安神宮の設計監理を委嘱された。大学を出て、まだ一年半にしかならない一八九三年九月のことである。これから九五年の四月まで、伊東は日本建築史の研究を続行するとともに、平安神宮の建設にあたるのであるが、たまたま神宮の造営が完成に近づいたある日、京都で彼は九鬼の講演を聞いた。九鬼はそれまでの宝物取調べの成果に基づき、日本美術の優秀性と、その保存の必要性を説いたが、講演のうち、一言も建築に触れるところがなかった。

これを聞いて憤慨した伊東は、早速九鬼あてに一書を認めた。それは建築も芸術の一部であるから、当然古建築の保存も考えられなければいけないという古建築保存論をぶったものだった。これに対して、九鬼からはすぐ返事が来た。それには、「建築を除外したのは、調査する人がいないからそうしたまでのことで、特に他意はない」という意味のことを記していた。

これが機縁となり、多分天心の推薦もあったのだろうが、伊東も九鬼らの一員として古美術保存事業の一環を担うこととなる。

一八九五年の『建築雑誌』の二月号には、『国会』誌より「国家は古建築物を保存すべし」という論文を転載しているが、これは伊東忠太の筆になるもので、京都奈良の寺院の荒廃の状を記して、

諸寺院は荒涼凄惨を極め、空堂扉破れて僧の守るなく、仏像は雨露のうちに坐し、霊

区を巡拝する信徒は泥鞋《でいあい》のまま霊仏に賽《さい》するも、人のこれを誰何《すいか》するなし。満地の断礎秋風落日、人をしてうたた感慨に堪えざらしむ。

と嘆じ、外国の例を引き、

政府は法令を発して社寺の保存を命ずるに止めず、進んで議会に謀りて社寺保存費を積み、随って壊れば、随ってこれに修補を加え、昔日の壮観を失うなからしめざるべからず。

と論じ、保存法を制定して、

建築美術の模範をして、その跡を滅するなからしむると同時に、国家的観念を涵養するの途を杜絶《とぜつ》せしめざらんとす。またもって国家の急務たるべし。

と結んでいる。もって伊東の主張を知るべきであろう。

古美術の調査と古社寺保存金の交付から進んで、一八九六年（明治二九）五月には古社寺保存会が内務省にでき、九鬼を会長とし、委員には岡倉天心らが委嘱された。ここで古美術の保存を本格的に進めるため、「古社寺保存法」が立案され、翌九七年六月、法律として公布されるにいたった。なお東京の博物館は一八八一年に、奈良・京都の博物館は九五年に相ついでできており、古美術に対する関心の高まりを示している。

古社寺保存会の設置によって、保存行政は画期的な発展を見た。法律の発布は翌年であるが、これと同時に建築や美術品の修理が即刻はじめられなければならない。

保存会の建築部門のただ一人の責任者である伊東忠太は、ある日、卒業論文に「鳳凰堂建築説」を書いた関野貞を訪れた。近く発足する古建築指定・修理事業の、奈良における責任者になってもらうためであった。関野は伊東と同年の生まれであったが、一時小学校の先生をしていたため、卒業は伊東より三年後の九五年七月であった。学生時代から古建築の研究に志のあった関野は、卒業後、辰野金吾の下で日本銀行の工事に参加したこともあったが、自己の志と反するので、三カ月で辞し、美術学校の講師として建築装飾と製図とを教えていた。

伊東の勧めを聞いた関野は、これこそ自分の望むところと快諾し、九六年一二月、勇躍任地奈良に赴いた。

そのころ、伊東による建築史の体系が作られつつあったとはいえ、どの建物が古いのか、まだ見当のつかない時代だったから、まずどれを指定し、どれから修理をはじめるかという、現実にさし迫った大問題を控えていた。傷《いた》みのひどいもので、価値の高いものから修理しなければならないのだから、その建物がいつのものかよくわからなくては、計画も立案もできない。

奈良に赴任した関野の大車輪の活躍はこのような状況下に始まる。関野は毎日いくつかの社寺を見て歩き、わずか半年後の翌一八九七年六月には第一回の復命書を県知事に提出している。その文に、今県下古社寺ヲ調査スルニ、ソノ四百年前ノ創立ニカカル者、神社ニ二百余、仏寺百五十バカリ。コレニ属スル殿舎堂宇ノ数マタ千有余ヲ下ラズ。シカレドモ、ソノ建築物ノ真ニ四百年前ノ建立ニカカリ、美術工芸ノ模範トナリ、建築沿革上ノ参考トナルモノ、ワズカニ七、八十ヲ出デズ。（岸熊吉「関野先生と大和の古社寺」『夢殿』一四）

といっており、この約八〇を建築史的価値、芸術的価値から五等級に分け、また破損度も調査して、おなじく五等級に分類し表示している。

今日のように、交通が便利で、文献その他も公刊されたものが多く、下調べのできる時でも、社寺三五〇を調査することは数年を要するであろう。しかも建築史の体系の確立していないとき、その年代を判定してゆくとなったら、私たちでは一〇年でもちょっと覚束ない。ところが、これがわずか半年でできており、しかもその時代判定が誤まっていないということは、まったく驚嘆のほかはない。

古社寺の実地調査に、文献の収集に、そしてまた修理事業の事務に、関野は寝る暇もない忙しさだった。工事がはじめられた新薬師寺の現場へは、「午前六時半ヨリ新薬師寺ニ赴ク」（「関野日記」、一八九八年九月一日）といった具合に、登庁前あるいは夕方の時間を利用しなければならない状態だった。しかも寺院の経済は急迫し、工事負担金の調達も困難な有様だったから、修理工事の技術的問題だけでなく、補助金を出す内務省と、受ける社寺側との間にたって、八方奔走するという雑務にも追われなければならなかった。

古社寺保存法の細則案は、工事費の約半額を寺院に負担させようとするものであった。もちろんそれには例外規定も設けてあるが、原則が半額ということになれば、例外といってもそう多くは望めないし、また大多数の寺院は半額負担を認めて、補助申請をしなければならない。

奈良の古社寺の窮状を熟知する関野は、負担金を軽減しなければ、とうてい事業を行なえないことを説いて廻った。伊東を説き、知事に実状を説明したが、

然ルモ尽ク画餅ニ属シ、将ニカクノ如キ細則ノ発布ヲ見ントス。コレ実ニ奈良県下ノ古建造物ヲシテ、ホトンド尽ク保存ノ道ヲ失ハシメントスル者ナリ。久米局長（内務省社寺局長）ノ頑冥不霊ナル、実ニ驚クニ堪ヘタリ。吾人ハスベカラク力ヲ尽シテ、ソノ発布前ニオイテ、コレヲ阻止セザルベカラズ。（一八九七年一一月二九日）

と嘆じ、急遽、古刹僧侶総会を開いてこの対策を講ずるよう東大寺に勧告している。しかし寺院側の意見をまとめる暇もなく、内務省からは稲垣事務官が来て、寺院側に内務省の条件を呑ましてしまった。寺院側に立って、なんとか多くの補助金をとり、十分な工事を行なおうとする関野の努力は、水泡に帰した。

参事官（県の）及ビ各寺ノ意志薄弱ニシテ到底内務省ノ命令ヲ拒ム能ハズ、イタヅラニ稲垣輩ノ甘言ニ黙従スベキ傾向アルヲ以テ、会議ノ席ニ臨ムノ愚ナルヲ思ヒ、コトサラニ私室ニ留リタリ。（一八九七年一二月四日）

と、その憤懣やる方ない情を日記にぶちまけている。

一八九八年から九九年にかけて、法起寺《ほっきじ》三重塔・唐招提寺金堂《とうしょうだいじこんどう》・薬師寺三重塔と、超一流の古建築の解体修理が行なわれた。関野の毎日は、これらの建物の工事を監督指導することで明け暮れたが、工事につきものの、現場職員・職人・信徒間のいざこざが関野を悩ました。関野は紛争解決のため、彼らの説得を何度も行なっているが、十分な効果をえられず、「度シ難キハ、ケダシ小人ナル哉」と嘆じている。

平城宮跡の発見

こうした多忙な毎日を送っていた関野は、一八九九年（明治三二）の一月二一日、土曜の午後、気分転換をはかって奈良の西郊を散策した。市街の西に出れば、向って右前方にはウワナベ・コナベなどの古墳群や法華寺《ほっけじ》の森が、また前方には西大寺の森が望まれ、遠くには生駒山《いこまやま》がそびえている。手前は広々とした水田で、裏作の麦がわずかに芽を出している。南にはあれが唐招提寺の森、その左が薬師寺の森と示すことができる。ゆるやかに起伏する山なみ、その前に広がる麦畑と、点在する社寺の森、この穏やかな景色は日々の折衝に疲れた関野の頭を休めるに足るものがあった。

ぼんやりと歩いて法華寺を過ぎるころ、南には薬師寺や唐招提寺の森が見える。歩きながら関野は、しだいに修理の進んでいる薬師寺東塔や、唐招提寺金堂のことに思いをはせた。

すでに新薬師寺本堂の解体修理を行ない、各種の世評と戦い、天平の姿に復原することに成功した関野は、日本一流の名建築、薬師寺東塔や唐招提寺金堂の解体工事の重要性を思えば、学者として技術者として、心の躍るのを禁ずることができなかった。この二つがすんだら、東大寺金堂・興福寺五重塔・秋篠《あきしの》寺本堂が予定されている。そしてそのつぎはと考えて、関野はハッとした。つぎに修理を予定している唐招提寺講堂は、平城宮の朝集殿を移したと、先日唐招提寺で書き写した『招提千歳伝記』に記しているものではないか。そして今自分が歩いているあたりが、北浦定政の研究によって、平城宮のあったところと考定されているのだ。

田圃のあぜ道を歩いて、小高い草地に立ち、唐招提寺を望見して、修理に思いをはせていた関野は、今なにげなく休んでいる所が、田より一段高く、耕作されていない場所であることに気がついた。近くの農夫に聞いてみると、ここは「大黒の芝」というという。ダイコクのシバ、ダイコクのシバ、二度ばかりつぶやいて関野は愕然とした。大黒は大《だい》極殿《ごくでん》のダイゴクがなまったものではないだろうか。見ればこの芝地は南北七、八間、東西二十間余もあり、かなりの広さである。大極殿の土壇としても、十分ふさわしいではないか。

前年の一一月のことだった。関野は古社寺の調査は個々のものだけでなく、南都七大寺として、平城京とともに研究を進めるべきだという点に考えついた。そして法起寺塔の修理が終り、その賞与として八〇円を知事からもらうと、すぐその足で古本屋を訪れ、『大和名所図絵』『平城坊目考』などの参考書をしこたま買い集めた。

しかしその研究をはじめるには、あまりにも多忙だったし、はたしてどれほどの成果があがるかということも自信がないまま、二カ月余を過していたのだった。

今立っているところが大極殿の跡だったとしたらどうだろう。関野の頭には、前に読んだことのある裏松固禅の『大内裏《だいだいり》図考証《ずこうしょう》』が浮んだ。平安宮の朝堂院については、すでにこの研究で、建物の配置は詳しく記されていた。関野が奈良に赴任する少し前、京都では伊東忠太がこの本により大極殿を縮小復原し、平安神宮として建てていた。この関係で関野も平安宮朝堂院のことはひととおり勉強していた。これを頭に浮べ、南方に目を向けると、思いなしか平安宮朝堂院の十二堂のように、左右に点々と草地が見える。少し高いので、田にならないで残っているのであろう。

関野はその一つ一つを歩いて確めてみた。それらは「大黒の芝」の斜め前方、くずれて不整形になってはいるが、たがいに向いあって、南北に長い土壇となっている。まさに十二堂の跡ではないか。北浦定政の研究は平城宮はどのあたりと定めてあっても、漠然としたものであり、建物のあとがわかるなどとはいっさい記してなかった。

関野はもう散歩どころではなかった。早速とんで帰って、『大内裏図考証』を開いてみた。まさに今見て来たのと同様の配置ではないか。これなら十分いける。関野の心は躍った。念のため『大内裏図考証』の図を繰り返し繰り返し見、『続日本紀』のうちから平城宮に関する記事を探して、夜のふけるのを覚えなかった。

彼は平城京の研究を思いついたとき、すでに測量の必要を感じ、これまで修理事業を手伝ってもらっていた県の土木技手塚本松治郎に助力を頼んでいた。翌々日の月曜を待ちかねて登庁した関野は、早速塚本に宮跡付近の測量を依頼した。ただしこの仕事には事務官の諒解をえる必要もあったので、水曜には書記官や課長に実測のことを相談している。

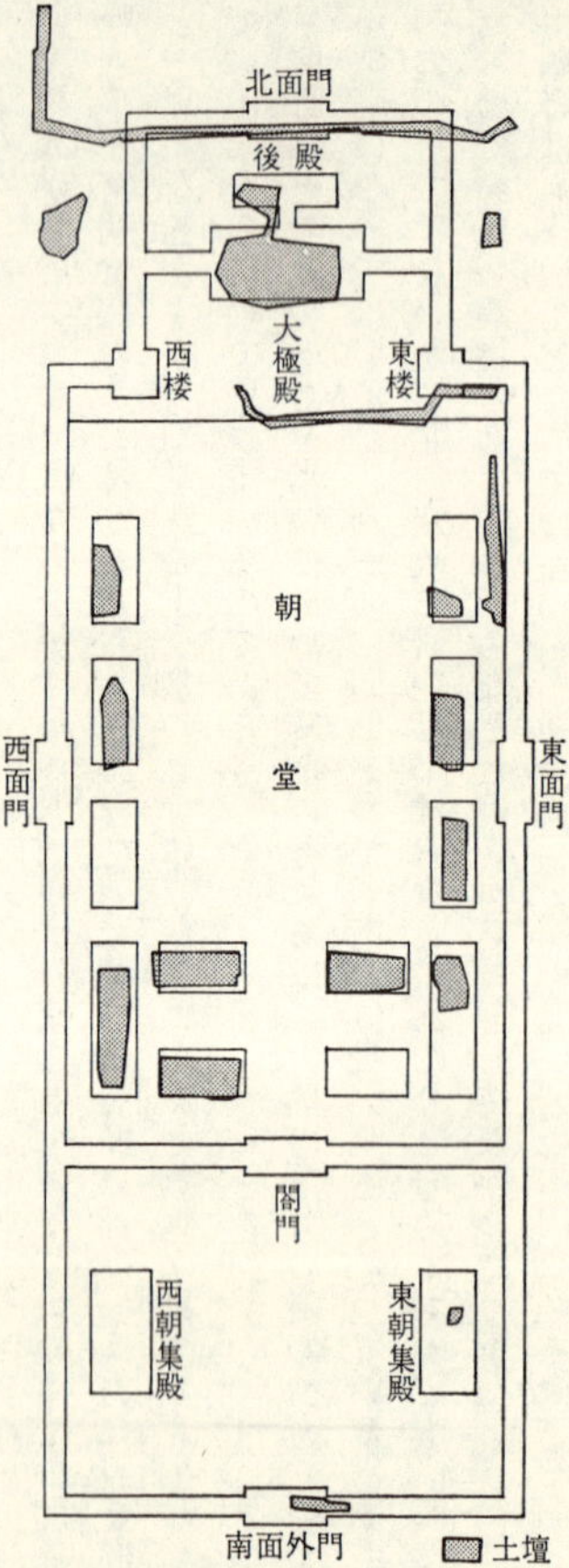

XII−1　平城宮朝堂院（関野）

事務官の諒解もえて、宮跡の研究は実施に移った。塚本は連日、宮跡の測量をするし、関野は平城宮に関する文献の収集に余念がなかった。一月三一日と二月一日には、実測を現地で検分しており、一三日には実測を完了している。この日、関野は奈良県名勝古跡臨時調査委員を命ぜられているが、おそらく平城宮跡調査のためであろう。そして早くも二月二三日には、「平城京大内裏《だいだいり》広袤《こうぼう》及び諸門」の原稿を書き、三月九日には名勝古跡調査委員としての「平城宮址取調報告」を脱稿、県に提出した。

これは平城宮の四至と朝堂院の建物の位置を現地でここと定めたものであったが、都全体のことについては、さらに調査を進めなければならなかった。平城京全域の測量は、とうてい個人の手でできる代物ではなかったから、関野は塚本に陸地測量部の二万分の一の図を一万分の一に拡大してもらった。

これに地籍図を参照して土地の大字《おおあざ》・小字《こあざ》の境を入れ、現地にもっていって地形と対照し、諸寺の寺地や昔の道路のあとを考定した。

関野の日記は研究のことをあまり記していないにもかかわらず、一八九九年の分には、「平城宮址、調査ヲナス」という記事がしばしば出ており、簡単な記事ではあるが、その熱意を見てとることができる。この研究は一九〇五年に完成した。一九〇七年に発行された東京帝国大学紀要、工科第参冊、『平城京及大内裏考』がこれである。

関野はこの研究を、一九〇〇年（明治三三）一月の『奈良新聞』で公にし、平安宮の大内裏がまったくその跡をとどめないのに対し、平城京大内裏朝堂院の跡がよく残っていることを説明し、

もしそれ昔時の宏大なりし大極殿の真規模を知らんと欲する者は、すべからく、来りてわが平城宮朝堂院の遺址《いし》を観ざるべからざるなり。然るに従来一人のこれが表彰に勉めたる者なし。空しく荒廃に委して顧みず。……吾人はその遺址の一日も早く表彰せられ、保存の実の挙がらんことを熱心に希望するものなり。（『平城京及大内裏考』所収）

と論じている。この影響は早速あった。

奈良の植木商、棚田嘉十郎は関野の研究を聞き、朝堂院の遺跡がむなしく農夫の糞尿の堆積所となっているのを嘆き、保存顕彰に尽力することを誓い、ついに家産を傾け、病んで失明するにいたっても、その志をまげず、一生を宮跡の保存に捧げたのであった。

棚田は宮跡のある佐紀《さき》村の溝辺文四郎の賛成をえて、まず宮跡に大極殿跡の標柱を立てたが、京都の平安神宮が、平安宮大極殿を模して作られた先例にならい、ここに平城神宮を創立することを考え、平城神宮建設会を起した。

しかし、この事業の進展は棚田の意のごとく進まなかったので、一九〇六年には棚田と溝辺は石崎勝蔵・塚本松治郎とともに、平城宮址保存会を組織し、宮跡の保存を主目的とし、神宮創立の計画は他日に譲ることとした。この運動は奈良県書記官楯石駿二郎らを発起人とするもので、数回の会合を重ね、棚田は宮跡の図面や保存趣意書一万枚を自費で印刷配布し、あるいは議会、政府に請願するなど、努力を重ねたが、実際の事業はなかなか進展しなかった。

一方関野はその研究の成果を一九〇五年建築学会で講演し、翌々年これを工科大学紀要として出版した。これに対して、法隆寺再建非再建論争で、関野の論敵であった喜田貞吉は、ただちに『歴史地理』誌上に「平城京の四至を論ず」「平城京大内裏考評論」と題して、六年二月から九年六月にわたり、厖大な反論を加えた。

一九〇五年の法隆寺論争の立役者二人の登場であるから学界はふたたび湧いた。学者の耳目は奈良に集められた。しかも一九一〇年は奈良に都が遷った和銅三年から、ちょうど千二百年にあたる年であるため、宮址保存会はこの機会に宮跡の保存計画を実施に移すべく、県知事を説き、ついに多くの賛成者をえて、一〇年一一月二〇日、大極殿跡で盛大な記念祭および、建碑地鎮祭が行なわれた。

こうしてようやく軌道に乗った保存会の事業は、棚田がしばしば上京し、当時文部省に移っていた塚本の手引で、多くの有力者を説いて歩き、一九一三年（大正二）、侯爵徳川頼倫を会長とする奈良大極殿址保存会が設立されるにおよんで、ついに実を結んだ。

この事業は一九一五年に行なわれるはずの即位大礼記念の一端であることを広く声明し、寄付金の募集にかかった。徳川は史跡保存の必要を称え、その法律制定にもあずかっていたので、この事業の主たる目的を宮跡の保存においた。

一九一五年にはこの土地の所有者中の有志から、宮跡の一部の土地の寄付があり、さらに一般の寄付金をもって土地を購入し、また棚田らの熱心に感じた数名の匿名の篤志家からは未購入地を買入れ、保存工事を施して寄付するとの申入れもあって、保存事業は、進展し、土地の買収は進み、一九年制定の史蹟名勝天然紀念物保存法により、二二年史跡に指定され、国の保護をうけることとなった。当時土地は保存会の保管するところであったが、保存に必要な工事は内務省で行なうとの意向が確められたので、会は土地を国に寄付し、二三年解散した。

現在特別史跡となっている平城宮跡の中心部、約三万六千坪はこのように棚田が主唱した保存会の努力によって国有地となったものである。棚田はここが史跡に指定されるすぐ前の一九二〇年に死んだが、その功績は二二年に立てられた平城宮址保存記念碑に刻まれて、今も宮跡に立っている。棚田の人となりについては、この事業の具体化する一〇年に奈良県事務官小原新三、奈良市長木本源吉らが、棚田、溝辺を紹介している文がもっともよくその努力を表わしている。これには棚田の宮跡保存に関して行なって来た努力の数々

を述べ、

嗚呼《ああ》棚田氏は旧都の渺《びょう》たる一蠹《いちと》駝師《だし》なり。眼に一丁字あるに非ず、しかもその為す所を見るに、事議に中《あた》り志忠誠に存す、その溝辺氏と共に、私を捐《す》てて公に奉ぜんとするの意気、真に欽すべきなり。(『奈良大極殿址保存会事業経過概要』)

と書いている。一生を宮跡の保存に捧げた棚田の努力を思えば、この言葉はけっして過褒ではなかろう。

宮跡の保存のため、一九一九年には土壇の保護をするための石垣と芝張り、朝堂院周囲の排水溝と道路の新設などを行なったが、完成にいたらず、内務省は事業を宮址保存会からひきついだ。

内務省はこの工事の残りを完成するとともに、隣接の北方および南方の民有地を買収し、全域にわたり、地均し工事を実施、道路の改修を行なった。この工事は一九二三年から二四年にかけて実施されたが、主要部分の工事が終末に近づくころ、排水のため掘った溝から、凝灰岩の切石が発見された。

これを見た史蹟名勝天然紀念物調査委員黒板勝美は調査の必要を認め、その進言により内務省は調査を実施することとなり、上田三平がこれを担当した。上田は大極殿をめぐる回廊の雨落溝が切石で作られていることを発見、ここが朝堂院跡であることを確認し、かつその回廊が大極殿の前面にも回っているらしいことを認めた。

この調査は保存工事に付随したもので、そう大規模なものではなかったが、関野が平安宮と同様と推定した大極殿前の竜尾壇はなくなり、ここに回廊が通るらしいという、新しい問題を提起した。

しかしこの発掘の成果は、こういった新発見よりも、もっと重大なものがあった。それは従来の研究は地上に残る土壇、あるいはたまたま発見された古瓦などに関するもので、「平城宮造営当時の遺構が厳然として、水田下に埋没しておろうとは、誰も想像しえなかった」ところに、「加工した石材によって築造された遺構が確然と残存している」ことを発見した点にある。この意義は上田が、

平城宮址の研究調査は、単に地上の対象物のみによって解決さるべきものではなく、さらに地表下の発掘にまたねばならぬことを暗示した点において、宮址の研究上、一新紀元を開いたものである。（上田三平『史蹟精査報告第二』内務省）

と記しているが、まさにその通りである。

黒板が後に日本古文化研究所を創立し、藤原宮跡の発掘を思いついたのも、この成果の影響によるものであろうか。

一三　建築遺跡調査の発展

発掘調査の始まり

建築遺跡の研究が、発掘という方法によって行われるようになったのは、そう古いことではない。それは竪穴住居の研究に始まる。

明治年代においても、地上に窪地を残す遺跡が、古代住居の跡であると認められ、これに関する考察も発表されているが、明治年代には、まだ竪穴の発掘調査は行われなかった。管見にふれたこの種の調査の始まりは、一九二四年（大正一三）に柴田常恵が行った、富山県朝日貝塚の発掘であり、ついで翌年には文部省・東京府連合で東京都高ケ坂《こうがさか》敷石住居の発掘が行われている。そして、二六年には千葉県姥山《うばやま》の弥生式遺跡の竪穴群が東大人類学教室の手で発掘され、多数の竪穴住居跡が発見され、学界に報告されるに至った。

その後、昭和になってからは、各地で竪穴の発掘があいつぎ、登呂や平出のような大規模な発掘調査も行われている。

これらの発掘において、地山がローム層で、そこに残された柱穴その他の構築物の残した跡が、黒土の陥入という判別しやすい状態におかれていたためもあって、建築遺物（たとえば柱根のようなもの）は発見されなくても、かなり容易に建築物の跡を確めることができた。

そして発掘が精密になるにつれて、土質の相違などによって、かなりむずかしい判別も考古学者の手によって行われるようになって来ていた。

一方これを寺院跡の調査でみると、地上に残存する礎石による調査が行われたことはあるが、さらに進んで発掘調査が行われたことはなかった。関野貞の『平城京及大内裏考』は平城宮跡の保存にまで進んだ重要な研究であったが、残存土壇の調査により建築跡を推定したものに過ぎなかった。ところが、一九二四年にここに遺跡保存工事として排水溝が掘られ、その際、基壇の雨落溝や礎石などが発見され、宮跡の研究に一段の発展を示したのであった。

宮跡の土壇下や、水田下に、若干の遺物が残存しているであろうことは、一九一九―二〇年の工事の時から想像されていたのであったが、発掘調査までおよばなかったのは、「従来かかる発掘に対して、多くの試練を経ていないわが国においては、その結果に危惧の念を抱き、経費の支出にも困難があって、ついに実行せられずに終った」（上田三平「平城宮趾調査報告」――『史趾精査報告』第二――内務省、一九二六年）からであった。一九二四年の発掘は保存施設工事という、偶然の発見であったが、これによって、地下に遺構の一部が残存していることが、はっきり認められたのは、まことに大きな収穫といわねばならなかった。それは「平城宮造営当時の遺構が、厳然として水田下に埋没しておろうとは、誰も想像し得なかった」という当時の状態からしていうことができよう。「平城宮跡の研究調査は、単に地上の対象物のみによって解決さるべきものではなく、さらに地表下の発掘にまたねばならぬ事を暗示した点において、宮跡の研究上、一新紀元を開いたものである」という報告書の言は、そのまま受けとれることであるし、このような、発掘調査の必要性が認められたことは、建築遺蹟の研究史上、画期的な出来事であった。

しかし、このような新しい成果にもかかわらず、一般的に発掘という調査方法が採られた場合は、ごく稀であった。竪穴などの発掘に比べて、経費を多く要するという点が、最大のネックだったのであろう。わずかに、一九二九年の東大寺南大門の解体修理に当り、旧基壇の発見があった程度で、発掘調査は古建築修理にともなう、偶然の、ごく部分的な発掘にすぎなかった。

遺物を探す（基壇・雨落・礎石）

偶然の発見ではなく、積極的な意図をもって、発掘調査が行われた初めは、おそらく滋賀県の伝崇福寺・梵釈寺跡の調査であろう。この調査は一九二八―二九年にかけて行われ、引続いて紫香楽宮跡の調査が翌年に行われている。（肥後和男「大津京趾の研究」――『滋賀県史蹟調査報告』第二、第三――一九二九、三一年。同「紫香楽宮趾の研究」――同第四――一九三一年）

この調査は大津宮の研究を進めるため行われたもので、肥後和男は報告書の初めに、調査方法について、

精密なる文献の研究にもとづいて実地を判断する外はないのであるから、直に文献の蒐集に努めると共に、実地の証拠をあぐべく、それと覚しき遺跡の発掘調査に全力を用いたのである。

と記している。これによって、その研究方法の意図するところは明らかであり、このような積極的な考えで、発掘が行われたのは、これまで全く見ないところであった。もちろん、調査地には土壇があり、礎石も一部は地上に姿を現わしていたのであるから、ここが建築遺跡であることは疑いのないものであったが、発掘によって、さらに多くの礎石が発見され、土壇周囲の構造とその大きさが確認され、瓦その他の発見遺物から、その年代の推定ができるなど、「文献的方面には固《もと》より何等の発見を誇り得るものはないが、発掘出土せしめた遺跡遺物については、確かにこの研究に対し重大なる寄与をなし得た」ものであった。

その後ではわずかに一九三〇年平泉毛越寺の発掘調査（服部勝吉「平泉史蹟の保存に就

て」『史蹟名勝天然紀念物』六の四――一　一九三一年、「史蹟毛越寺趾の堂楼残礎に就いて」『史蹟名勝天然紀念物』七の三、八　一九三二年）が行われたにすぎない。この調査は毛越寺金堂の、土壇上に現われていた礎石の実測、土壇周囲の石積の実測（一部発掘）と金堂および回廊の雨落溝の発掘で、大体の形は知られていたものであるが、精密な実測をともなっている点で、大津宮跡などのものと違いがある。

大津宮跡の研究は出土遺物については詳細な調査が行われているが、建築遺跡そのものについては、ごく雑な実測に止まっている。これは調査者に建築史家が参加していなかったためであろう。これまでの寺院跡調査は、発掘をともなうと否とにかかわらず、実測結果は、やや精密な瓶原《みかのはら》国分寺跡の調査（梅原末治「瓶原国分寺趾」――『京都史蹟名勝地調査報告』第四所収――一九二三年）などもあるが、一般には個々の礎石の大きさ、形状などにおよんだものはない。実測の方法も、おそらく平板によるものであろう。その一般的水準は『国分寺の研究』（角田文衛編）に載せられた各国国分寺跡の調査によく現われている。

寺院跡について、精密な実測が行なわれたのは、長谷川輝雄の「四天王寺建築論」と大岡実の「南都七大寺建築論」以後であろう。（大岡実「興福寺建築論」――『建築雑誌』五〇五年、一九二八年、同「薬師寺建築論」同五一九――一九二九年）

大正一四年の秋、故長谷川先生が難波四天王寺の研究に没頭せられていた時である。「興福寺建築論」には次のような一節がある。

その基礎的な断案を得るには、どうしても鉄尺による再度の実測を必要とするという ので、現地旅行の企画があった。そして、その途上、興福寺の残礎を見て、取りあえず実測し、さらに調査を重ねて興福寺の復原案が発表されたのであるが、その復原的考察の最初に、付図の実測図数葉は実測に充分の注意を払ったもので、尺度はすべて鉄尺を使用した。殊に四至に対する全体の実測図はトランシットによるトラバースサーベイを数回繰返した。

と記してあることから、トランシットとスティール・テープによる実測は一般的でなかったことがわかる。

このような遺跡実測の精度の差が、建築史家と歴史家との調査の違いであった。一九三二年における大阪百済寺の発掘は、いわゆる薬師寺式の二塔を有するもので、寺院跡研究の上でも、重要な成果を示したものであるが、その遺跡の実測図がよくできているのは建築史家である池田谷久吉の実測によったからであった。(平尾・池田谷・岸本「百済寺趾」――『大阪府史蹟名勝天然記念物調査報告』第四――一九三四年)

掘立柱の発見

発掘調査の新しい段階は、一九三四年に法隆寺保存工事が大々的に始められてから展開する。この工事でも、発掘調査を積極的に企図していたわけではなかった。最初に行われた東大門や、食堂・細殿の解体修理に際し、基壇の地層などに関する調査は、「搗き固められた盛土で、堅固なものであった」と記されているだけであることからも、当時の関心が想像されよう。ただ、ここで注目すべきことは、食堂礎石の据え方について写真をかかげ、礎石の下に数個の石が、礎石のすわりをよくするために置かれていることを報告している点である。

これとほぼ同時に着手された東院礼堂の解体修理は、学界をびっくりさせる新事実を発見した。(岸・足立・服部「法隆寺東院に関する発掘調査」——『法隆寺国宝保存工事報告書』第四所収——一九三七年)

法隆寺東院は奈良時代、七三九年(天平一一)に僧行信が聖徳太子の斑鳩宮《いかるがのみや》のあとが荒れているのを嘆いて、寺を建てたところである。そこには有名な夢殿や伝法堂が奈良時代のまま残っているが、夢殿を取りまく回廊と前に建てられた礼堂などは、様式から見て鎌倉—室町時代の再建のものである。

礼堂を回廊の正面に造るというのは、他に例のないことで、普通はここには門が開かれ、中門と呼ばれる。そこで、礼堂のところには天平時代の中門の跡があるはずだということは前から想像されていた。礼堂と夢殿との間には、小石が敷きつめられているところがあることも、礼堂後方の敷石の修理のとき分っていた。

天平時代の中門の跡は、この修理のときに調べておかないと、解体修理などということは、今後何百年後でないと行われないから、この機会を逸してはならない。そこで、現場担当者は注意深く、上の土をはがしていった。そうすると、小石敷に続いて、凝灰岩の石を発見した。それは明らかに加工してあり、おそらく階段の一番下の部分と判定された。そしてその左右には小石敷があり、これはもとの建物の雨落溝にあたるものと考えられた。

これから南の方、つまりもとの建物の下にあたるところの土を少しずつすきとってゆくと、深さ三〇cmくらいのところで、ポッカリと穴があいた。ビックリしたのは人夫さんたちである。小石敷はもうないだろうが、礎石の破片か何かそんなものが出るはずだから、石に注意して掘れといわれていたのだから、こんな地中に穴があるとは夢にも思わなかった。

幸い、現礼堂の床下全部の土を上からすきとっていたので、その日はもう一つ穴が見つかった。穴の中の方を棒でつついて見ると、固いものがある。ていねいに周囲を掘ってゆくと、それは径三〇cmくらいの砲弾状の木材である。あわててそれを掘り出しては、旧位置がはっきりしなくなるから、取り出すことは止め、どうも柱の根のような感じがするから、もしそうならこの二本のどちらかの方向にさらに穴があるだろうと探してゆくと、ちょうど前の二本の間隔三mおきに、もう二本見つかった。

こうなれば、これが何かの建築の遺構であることはまず間違いない。その位置を正確に

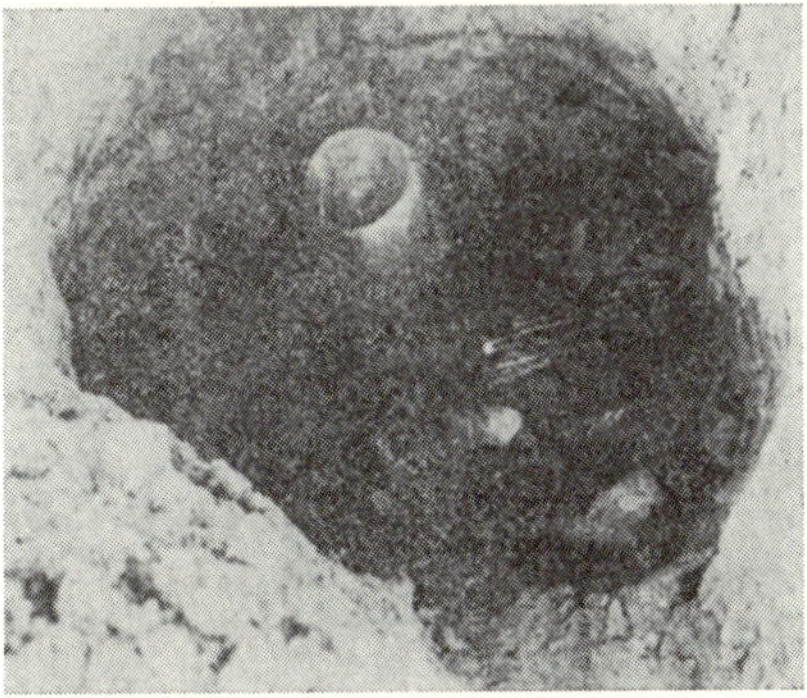

XIII−1　法隆寺東院掘立柱柱根

測ってから、それを取り出すと、底は平らにノミで削ってあり、その下には木製の盤が敷いてあった。きっと掘立柱が腐ったので、上の方は切るか何かして、下まで掘り起さず、根はそのままにして上に建物を建ててしまったのであろう。これが残ったのは、常水面下にあるため腐らなかったので、地下水面が上下するので、上方は回りから腐って砲弾状になっていたのである。

もっとも、これは今だからこうはっきり言えるので、当時はまだ半信半疑だった。数年後に出た報告書にも、この木材を「柱根様発掘物」といっていて、柱根とは断定していない。

この発見はたちまち新聞種になった。奈良版は連日これを報道するし、全国版にも載り、世間の話題をにぎわした。ある人はきっと斑鳩宮の一部だろうというし、またある人は創立時代の東院の中門だろうといった。

土中に柱を掘立にするという方法は、現に伊勢神宮にも残っているし、「底《そこ》つ岩根《いわね》に宮柱太《ふと》しき立て」と祝詞《のりと》にも記されていて、昔の日本の建築法であることは、みんな承知していた。しかし大陸から仏教とともに中国の建築様式が伝えられてから後は、礎石を用いるようになったのだから、東院の遺跡なら、礎石があるはずで、掘立柱とは考えられない。現に天平創立のままの夢殿や伝法堂は礎石を使っているではないか、というのが斑鳩宮説の根拠だった。

宮殿なら、土間で木部に彩色を施し、屋根に瓦をふいたシナ宮殿建築が伝わっても、平安宮の紫宸《ししん》殿や清涼《せいりょう》殿（現在の京都御所の二殿は江戸末の再建ながら、平安宮内裏の旧形に復原したものである）に見られるように、板敷・白木・檜皮《ひはだ》葺きという日本風の様式をとっているのだから、聖徳太子のときはもう大陸風の建築は行なわれているが、太子の宮殿である斑鳩宮なら、掘立柱の可能性は十分あるというのだった。

しかし発掘が進み、この柱根を残す建物の平面が七丈に二丈一尺の広さで、『東院資財帳』に載す中門と大きさが一致し、その左右に回廊が連なるということがわかるようになって、中門説が勝を制した。

根石を見つける

東院の修理が行なわれ、新発見が学界の注目をあびているころ、もう一つの発掘が奈良県下で始まっていた。

それは黒板勝美が主宰する日本古文化研究所の伝藤原宮跡の発掘であった。この発掘を担当したのは足立康であるが、建築遺跡の発掘としては、それまでにない大きな、計画的なものであった（岸・足立「藤原宮伝説地高殿の調査」――『日本古文化研究所報告』第二――一九三六年）。古文化研究所はその研究テーマの一つに、古代の宮跡の調査を選び、その一部として発掘を行ない、藤原宮のあった場所を確認しようとしたのである。

藤原宮の所在地は『万葉集』の藤原宮御井歌から、香具《かぐ》・傍畝《うねび》・耳成《みみなし》の大和三山の間にあったことは明らかであるが、具体的にその地点を指し示すとなると、なかなかむずかしく、江戸時代以来数説があった。しかし、旧鴨公《かもきみ》村高殿にあったとするものが多く、一九一五年にはここに「持統天皇文武天皇藤原宮趾」の石標も立てられるにいたった。ここは地勢的に見ても、藤原宮の歌に合致し、字《あざ》の名にも大宮などという宮殿関係の名を残すところが多く、かつ付近一帯からは当時の古瓦を出し、礎石や切石なども発見されており、土壇もいくつか存在している。

そこで足立は、村役場および小学校の敷地になっている大宮と呼ばれるところから発掘を開始した。その一郭約三百坪は一段高い土地となっており、またその西方には小宮と呼ぶ塚状のものがある。そしてその間の水田からは、前に礎石や凝灰岩の切石や古瓦が発見されている。どこに宮の遺跡があるかわからないので、足立は礎石などを発見したことのあるこの水田付近は遺跡である可能性が強いとして、まずここから発掘をはじめた。今までに礎石や切石が出ているのだから、まだほかにも礎石が残っているだろうとの期待のもとに。

しかしその期待はまったく裏切られた。いくら掘っても、礎石は出てこないのである。足立は困惑した。前に礎石が出ているのだから、建物の跡であることはまず疑いない。しかし、低い水田になっているから、礎石のようなものがすべて取り去られているのかもしれない。それだと宮跡に関する手掛りはここでは摑めないことになる。

だが、そのうち、水田のなかをあちこち鉄棒で突いて見ると、カチンと石にぶつかるところがある。しめたと思って掘って見ると、これも河原石の小石で、工作を施した切石ではない。しかしその小石の分布が、ごく密なところがあるのに気がついた。そこを二〇―三〇cm掘り下げると、径一mぐらいの範囲に小石があり、どうも突き固めてあるらしいことがわかった。

この小石群のあるところを順次掘ってゆくと、各小石群の間は東西は約三m、南北は四・二mで、南北八列、東西五列となり、南北に長い建物の形となった。こうなるとこの小石群は柱の下の何らかの工作と見るのが妥当である。それは礎石を据えるためのものと判定すれば、十分解釈がつく。

このようなことは、現在の発掘常識からすれば、全くなんでもないことであるが、その当時においては、新しい発見として重要な事実であった。

報告書ではこの石を「仮りに根固め栗石と名付け」その形状・配置・土層との関係を詳

しく説明した後、

然らば上述の栗石の存在は何を意味するものであろうか。その配列の状態や、また個々の手法等から考えれば、これが建築柱礎の基礎工事に属する栗石搗きの名残りである事は、最早容易に推察する事が出来よう。尤も従来古建築修理に際し、基礎工作を調査した経験によれば、此の如き栗石地形を施したる例は殆どなく、僅かに法隆寺東院礼堂の前身たる中門址の柱の位置と推定される個処に於いて、多少類似のものを発見したに過ぎぬ。

と述べており、当時における礎石据えつけ方に関する知見が、いかなるものであったかが、よくわかる。

こういった礎石下の工作は、奈良時代の建物を解体し、その礎石を掘り起したときに、修理当事者は見ていたわけなのだが、そういったことにあまり関心を持っていないので、話題にのったり、報告されたりした例がなかったので、一般には知られていなかったのである。

この発見によって、藤原宮跡の発掘調査は大きな光明を見出した。礎石は耕作に邪魔だったり、他に利用できるので取り去られている所が大部分だろうが、根石の方は水田下二〇―三〇cmにあるので、なんとか破壊をまぬがれているらしい。もう礎石がなくても、その下にあった小石群（いまは根石という言葉を使っている）を見つけさえすれば、昔の建物

XIII－2　藤原宮根石

の大きさがわかる。藤原宮跡の発掘はこれによって進められ、大宮と呼ばれたところが大極殿の跡で、その北方に小安殿があり、南方には十二堂が並ぶという、七世紀の宮城の儀式場である朝堂院の全貌がついに明らかにされたのである。（第Ⅲ－3図参照）

根石により建築規模の推定が可能になったことは、その後の発掘に大きな影響をおよぼした。一九三〇年代においては、発掘といえば、礎石・基壇の石積・雨落溝の石など、建築の一部を、遺物として発見するのが目標であった。現に藤原宮跡の調査において、「初め吾々は礎石を発見出来るかと考えていたが」と記されていることでもわかろう。これ以前の発掘調査の報告が、いずれも礎石や基壇の石積みそのものであったことはいうまでもない。ここに、遺跡発掘の新しい段階が出現した。礎石が失われていても、建物の柱位置がわかるということになった。

それとともに、もう一つこの発掘の重要なことは、これが、他の偶然な手掛りから発展した仕事でなく、かつての大津宮と同様、計画的な発掘調査であり、かつ十分な準備のもとに、長年にわたって調査が行われたことであった。これは戦前におけるただ一つの計画的な建築遺跡発掘調査といって差支えないものである。ここは宮跡伝承地であり、瓦を出し、一、二の礎石があったとはいうものの、具体的には建築遺跡を地上から確認できなかったところであるから、ここから藤原宮朝堂院の全貌を明らかにしたことは、非常に大きな功績であった。

礎石の雌型

法隆寺の東院礼堂に続いて大講堂の修理がはじめられた。現在の講堂は平安時代の九九〇年（正暦元）の再建であることは、『古今目録抄《ここんもくろくしょう》』などに記されているところで、様式から見ても疑いのないところである。ところが、焼ける前の講堂がいつ建ったのかということになると、文献にはいっさい伝えるところがない。それに、七四七年（天平一九）の資財帳には、講堂の記載がないので、そのときはまだ講堂は建っていなかった、それは法隆寺が六七〇年（天智九）に焼けて再興が完成しなかったからであると、再建論の一論拠となったものである。また『古今目録抄』には、太子建立の講堂でさえ焼けるのだから、後世の人間が再建したものは、また焼けるかもしれない。そうすると、折角焼け残った金堂・塔に災をおよぼす恐れがあるから、北に離して再建したということを記している。もしそうだとすると、ここには三面僧房の一つである北室があったかもしれない。

講堂の修理をして、地下を調査したら、こういった諸問題の何らかの解決、あるいはその手掛りがえられるかもしれないという期待があった。最初調べてゆくと、壇上に今は使っていない敷瓦がでて、今の仏壇とはまったく大きさの違う仏壇の跡も出てきた。その位置は今のユカのすぐ下からだから、もとここにあった建物の礎石などが埋っていることは考えられない。あれば礎石の頭が上に出ているはずである。それに、今使われている礎石を見ると、截頭角錐形のものを、上下ひっくり返して使っている。というのは、きちんと工作してある方を下にして使っている。これは少なくとも二度目の用法で、もとは工作してある方が上であったはずである。

XIII−3　法隆寺講堂礎石の雌型

そこで、この現場主任をしていた浅野清は、もとの堂のときの礎石を再建するにあたって、ひっくり返して使ったと想像した。そうなると、いくら掘ってももとの堂の礎石がここから発見されることはない。だから今の位置と違ったところに礎石がすわっていたのなら、その跡をなんとか探さなければならない。幸いにして、講堂の下はすぐ地山だから、もとの堂の礎石も今の堂と同様に、地山を掘って、そこに据えたはずだ。そうなると礎石を動かして、そのあとを土で平らにしたのだから、地山に穴があり、そこを別の土で埋めてあるはずである。ていねいに上から土をはがしてゆけば、この穴を見つけることが可能だと考えた。

こんな想定のもとに発掘を進めていったところ、もとの堂でも、礎石は今と同じ使い勝手で、地山に四角な跡を残しているのを発見した。ちょうど礎石の雌型《めがた》が土に印されていたのである。地山と埋め土と、土質が非常に違い、色もはっきり違えば、この調査はそうむずかしいことではない。だが埋め土も地山の土とほとんど変らない講堂の場合、口でいうのは簡単だが、実際にこれを見つけるのは容易なことではない。上からていねいに土を取ってゆき、土質、固さ、夾雑物の違うところを見て、そこを掘ってゆき、地山と肌分れするところを探してゆくより仕方がない。

講堂の場合は、この種の調査のはじめであったが、平面的に仕上げた石の面で、強く土を圧していたため、肌分れの場所を見分けるのが、他に較べて容易だったのが幸いした。もし、講堂の下が地山と埋め土だからもとの礎石のあとがわかるはずだと考えなかったら、こうした発見もなかったかもしれない。それに、解体工事で、上に仮屋根があり、雨が降っても掘ったところがくずれるようなことがないという点も、好条件の一つであった。

こうして礎石がなくても、土の肌分れによって、昔、礎石を据えるために掘ったあとを見つけうるのだという自信は、つぎの発掘に大きな影響を与えた。もう遺物はなくても、ほんとうの「あと」だけで遺跡を追求できるようになったのである。

掘立柱の立て方

法隆寺東院の修理は礼堂に引続き、回廊・夢殿・伝法堂《でんぽうどう》・舎利《しゃり》殿《でん》絵殿《でん》と連続して行なわれた。回廊の場合は、すでに礼堂下から掘立柱の中門の遺跡が出ており、それが左右に延びて回廊になっていることが確められていたので、その続きを発見することに主力がおかれ、中門と同様の掘立柱柱根、あるいはその腐ったあとの穴が発見された。

現在は夢殿の背後には舎利殿絵殿があり、回廊はその両側に連なっている。『資財帳』には北回廊は現在の回廊の東西径とほぼ同じ「十三丈四尺」とあるので、おそらく天平創立当時は舎利殿絵殿はなく、ここに北回廊があるだろうと想像されていた。ところが舎利殿絵殿の礎石をとり、下の根石をとると、ポッカリ穴のあいたところがある。礼堂の時の穴とまったく同じで、底に柱根が残っている。これをつぎつぎと掘ってゆくと、長さ七丈、広さ二丈の建物となり、『資財帳』の「七丈屋」と記されている建物に該当し、回廊はその前方で閉じていることがわかった。

この発見は先に長谷川輝雄が『資財帳』と現状の実測から作った東院復原案に、大きな修正を加えることになり、寺院跡の復原的研究には、当然のことながら、発掘調査をしなければ本当のことはわからないということが改めて確認された。

発掘の方からいうと、もう一つ重要なことが判明した。それは中門跡の掘立柱のときも、掘立柱が立っていたところは、径一mぐらい別の土で埋めてあるように見えていたのであるが、舎利殿絵殿の下を掘ったとき、これが確められた。もう少しわかりやすくいうと、掘立柱を立てるためには、一m角ぐらいの大きな穴を、深さ一mぐらい掘り、その中央あたりに柱を立てる。そして柱の周囲に土を埋めて、掘立柱が動かないようにした、という掘立柱の立て方がわかったのである。

掘っているうち、空洞が出るのは、掘立柱を地表近くで切って、柱の下部を残したまま、上に根石をおき、礎石を据えて、つぎの建物を建てたので、掘立柱の下の方は常水面下で腐らないが、上は水についたり、つかなかったりするので、上の方から腐り、ここが空洞となり、あるいは上の土が落こんでいたりしていたのである。

これも口でいえば簡単だが、舎利殿のところは地山でなく、盛り土である。一度土を盛って整地し、それに穴を掘って柱を立て、また土を埋めている。したがって自然層の地山と人工的な埋め土とを区別するのではなく、両方とも人工的な盛土と埋土だから、土質で

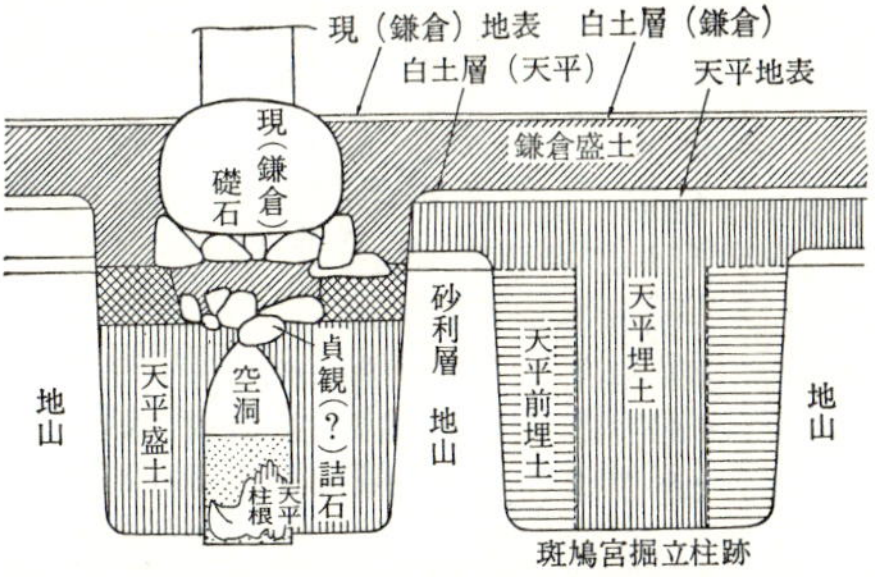

XIII－4　法隆寺東院舎利殿地下断面

わけてゆくことが、地山の場合よりずっとむずかしい。

上から見て、土質の違ったところ、固さの違い、夾雑物の違いなどで見当をつけ、ていねいに掘ってゆかねばならない。しかも地表では踏み固められているため、後から埋めた土の方が必ずしも軟かいとはかぎらない。しかし少し掘ってゆくと、後からの土は軟かで、周囲の土と肌分れする。これには一度に掘りとる土の量、加える力加減がむずかしいが、慣れてくれば肌分れによって、後から埋めた土の境をはっきり認められるようになる。これは自分で掘って見ないとわからない。だから他の人から見ると、でたらめに穴をこしらえているのかもしれないと疑えば疑える。

だが、ここが掘立柱をたてるために掘った穴のあとだといって掘り、さらにその中央で、これが掘立柱の腐ったあとだといって掘ってゆく。慣れない人には、他のところとちっとも違わないように見える。「ここで肌分れしますよ、掘ってごらんなさい」といわれても、慣れないものには何だか、いわれればそうらしいというぐらいしかわからない。だから勝手に穴を作っているのではないかとさえ思えるのだが、実際に掘っているうち、そのまん中から掘立柱の根が出てくる。こうなると、最初は疑っていた人も、ついには恐れ入りましたと降参せざるをえない。

この作業は浅野が報告書の中で、

埋土中に穴を発見することは難中の難で、根気よく試掘を試みて、何か手掛りを発見し、肌分れを見て、これを確認するより他に道はなかった。(『法隆寺東院に於ける発掘調査報告』)

と記しているように、まったく至難のことであり、浅野の慎重でかつ異常なまでのねばり強さが、ついにこれを可能にしたのであった。

土を見分ける

舎利殿絵殿の地下調査が終って、一応天平創立当時の法隆寺東院の全貌は明らかとなった。ここで浅野は考えた。東院が聖徳太子の斑鳩宮の旧地に立てられたという伝えは、そうでたらめなものではない。それならば、東院創立時代の遺跡のほかに、もっと古い太子時代の建築の跡が残っているはずだと。

それを探すには、夢殿の工事はもう終ってしまっているので、今工事中の伝法堂と舎利殿絵殿の下で調べるより方法がない。しかし舎利殿絵殿の方は、現存の鎌倉時代の礎石、おそらく貞観《じょうがん》改造のときと思われる跡、天平創立の跡と重なっている。調べるのに複雑なものでは調べにくい。一方伝法堂の地下は天平創立のまま、手つかずであることは疑いない。だから、伝法堂の現在の礎石と、それを据えるための工作以外に建物の跡があれば、それは天平以前のもの、おそらくは斑鳩宮のものになるだろう。

したがって伝法堂下で調べれば、なんとか見つかるはずだ。幸い、礼堂・講堂・舎利殿と発掘の経験を積み、たとえ礎石や根石などがなくても、土と土とを分けることによって、礎石などのあった跡を見つける自信もある。こう考えているうち、伝法堂の礎石を据え直すため掘り起したところ、その下から地山を一m角、深さ一mぐらい掘って、別の土が入っているところを発見した。舎利殿下の発掘によって、掘立柱を立てるため、こうした穴を掘っていたことが明らかになっていたから、これはきっと掘立柱を立てるための穴だと直感した。さてそれを探すとなると、全部の土を少しずつ上からはがして、全面発掘をやるより仕方がない。建物の平面の性質が、まったくわからない種類のものであるから。ところが修理工事は建物の保存のために行なっているので、調査のためにしているのではないという強い反対が起った。これに対して浅野は、今調査しなければ、将来何百年か先でなければできない。またそのときするにしても、この際、調査せずに工事を進めてゆけば、斑鳩宮の遺跡を破壊してしまう恐れもあると主張し、ついに反対派を説得して調査を遂行した。

その結果、伝法堂下から多くの掘立柱穴を発見、これを追って舎利殿絵殿下までおよんだ。この遺跡の上には伝法堂が立っているから、奈良時代以前のものであることは明らかで、しかもその遺跡の上には焼けた壁土が出る。そうなると、六四三年（皇極二）に蘇我《そが》入鹿《いるか》が斑鳩宮を焼いたという『日本書紀』の記載にも符合する。これがはたして宮のどの部分であるかはわからないにしても、はたして古代宮殿の跡をはじめて発見したのである。

この輝かしい成功は、それまでの発掘経験がなかったら、とうていえられなかったであろう。現に、礼堂下や回廊下にも、この斑鳩宮の跡はつづいているはずなのに、そこではついに発見されていない。そこに遺跡があると信じ、あくまでもこれを追求しようと努力し、そしてその努力を裏づける技術がなければ、遺跡を白日の下にさらすことはできないのである。

一九三四年から戦争までの一〇年間、発掘調査の技術的水準は非常に高まった。礎石や基壇の石などを発見して、建築遺跡を調べていた昭和初年の方法から、礎石下の根石で礎石のあった位置、つまり柱の立っていた場所がわかるようになり、また古代の建物は寺院などでも掘立柱が用いられていたという新しい知見が加わった。掘立柱は大きく穴を掘り、その中央に立てられたという立て方もわかったし、その跡を調べるには地山と埋め土、盛り土と埋め土とを区別してゆけばいいという調査法も確立した。もう物は出なくても、土と土とで勝負できるようになったのである。

こういった方法は、もちろん石器時代の住居跡の調査に早くから用いられている。しかし多くの場合、それは地山に掘り込まれた竪穴であるだけに、発見も調査もずっと容易であった。また調査地域が広いことも、建築遺跡の調査を困難にする大きな原因でもあった。こうした手工業的な方法を、何百坪、何千坪という広い面積に適用しなければならないのだから。

戦後の発掘

敗戦の影響を大きく受けたのは歴史学界だった。というより歴史教育界だといった方が妥当だろう。戦前でも、専門の歴史家にとって、神武紀元がでたらめなものだということは常識だったが、戦争中は直接これに触れることはできなかったし、歴史教育の面では『日本書紀』の内容がそのまま歴史的事実として教えられていた。

しかしその仮面が剝がれると、反動的にいっさいの文献的記載や伝承を捨てて、考古学的研究によって確められたものだけが真実であると考えられ、考古学は脚光を浴びて登場し、素人の発掘ブームが起った。

戦前、シナの考古学者と提携した東亜考古学会が一九二七年（昭和二）成立し、貔子窩《ひしか》の先史遺跡、牧羊城の漢代土城、南山里の漢代古墳、営城子の古墳、渤海城跡、元の上都跡などを発掘し、朝鮮や満州で大活躍をしていた考古学者も、敗戦の結果、その研究対象を日本に求めざるをえなくなった。こういった背景のもとに、建築遺跡の発掘調査も大々的に行なわれるようになった。寺院跡としては飛鳥寺《あすか》・川原寺《かわはら》・四天王寺・武蔵国分寺・陸奥国分寺・毛越寺《もうつ》などがあり、東大寺・大安寺・薬師寺・西大寺なども部分的に調べられている。また宮殿関係としては平城宮・難波宮《なにわ》・長岡宮や、ずっと古い飛鳥板蓋宮《あすかいたぶき》の発掘も行なわれている。

平城宮発掘の端緒となった一条通り拡張工事が行なわれたのと同じ一九五四年、大阪では山根徳太郎による難波宮跡の発掘が開始された。

陸軍技師置塩《おしお》章から「かつて(大正二年)陸軍被服廠工事のとき、古瓦包含層を発見、難波宮跡ではなかろうかと思った」という話を一九一九年に聞いて、難波宮に対する関心を持っていた山根は、戦後この大阪城の南の土地が陸軍用地でなくなり、住宅建設が進められるのを見て、古瓦採集をはじめた。そして一九五三年の一一月三日、鴟尾《しび》の破片を見つけ、史学会の大会に持参した。これを見た藤田亮策の勧めで、山根は難波宮の発掘調査をはじめるべく決意した。

しかし平城宮跡と違って、この付近は市街地のまんなかである。既設の建物の脇の、いわば他人の庭先を掘るのだから、発掘に同意してもらうだけでも大変だった。ここは広い都市計画路線が通るところで、建物を取りこわし、道路の舗装をするそのわずかの間隙を縫って調査をするのだから、すこぶる忙がしい発掘であった。これを進めるためには、各方面との折衝に大変な努力を要したが、それに加えて、調査費は大阪市と財界の寄付によるというのだから、この方の調達もなみ大ていのことではなかった。

普通のものならとっくに投げ出してしまうこの調査を、年老いた山根は、若い考古学者や建築史家の応援をえて、毎年たゆまず続けた。古瓦も出るし、柱のあとも出る。しかしここに難波宮があったという証拠はどこにもない。またかりに難波宮だったとしても、そのどこを、どんな種類の建物を掘っているのか、まるっきりわからない。出てくる遺跡が複雑に重なり合ったものなのと、掘る場所が建築工事のあいまを縫う断片的なもので、その場所も、自主的には選べなかった状態だったからである。

それでも山根はあきらめなかった。老いの一徹ともいうべき山根の頑張りは、ついに一九六一年難波宮大極殿の基壇を発見した。まさに、「われ幻の大極殿を見たり」である。難波宮の発掘は今も続けられている。そしてまた一方、京都の南、向日町では長岡宮の大極殿跡も発見されている。

こうした調査の計画が立てられ、また十分な成果を収めえたのは、戦前における発掘調査技術の目覚しい進展という基礎があったからである。そしてまた、ここに考えなければならないのは、戦前の発掘がとかく歴史学・考古学・建築史学それぞれの学者の独立した調査であったのに対し、戦後はこの三者が緊密な連絡をとり、共同して調査を進めていることである。現在の研究が大きな成果をあげている原因は、こうした共同研究にあるといっていいであろう。

一四　平城宮跡の保存

保存の方法

一九六二年、近鉄検車区の設置計画に端を発した平城宮跡保存運動は世論の非常な高まりをもとに、池田首相の裁断で、全域買上げがきまり、一九六八年度には東方張出し部を除いて買上げが終了する予定で、発掘調査も次第に進められている。

その結果、朝堂院跡だけでなく、内裏や官庁の建物も、数回にわたる改築を経ていることが明らかとなり、また正方形だと思われていた宮の敷地も、当初から東方に張り出し部があったことが確認された。このように、古代宮跡の全域の建物・施設がすべて明らかになる遺跡は、世界でも全く初めてのものである。

各地区から出た木簡は、その記載事項によって建物の年代を確定し、官庁の名前を推定する基となり、『続日本紀』などに載っていない新しい事実をわれわれに示した。発見された土器や、さまざまな生活用具は奈良時代における宮廷生活を物語る。こういった遺物は今後も、つぎつぎと発見されるだろう。平城宮跡を地下の正倉院だという言葉は、けっして大げさな表現ではない。

宮跡の今後の問題として、第一にとり上げなければならないのは保存である。保存なくしては、すべてがゼロになるのは必至である。

そしてそのつぎは発掘調査である。「何があるかわからないが、大切な貴重なものが埋っているのだそうだ」では何の役にも立たない。

発掘はどんどん進めなければならない。今のように、数年で二〇％という状態では何十年もかかる。しかしあせってはいけない。それは知りうるものをも見逃がし、遺跡を破壊してしまうからである。外国の例を見れば、有名なイタリアのポンペイの発掘ははじめてから二百年、本格的になってからでもすでに百年を経過している。そして今なお続行されている。

平城宮の場合、こんなに長くかかる必要はない。またあまり長くては、今後、ここをどう利用したらよいかという計画もたたない。一〇年で大体の目安をつけ、二、三〇年で完成するというのが、適当な期間であろう。

三〇万坪という土地は、かなりの広さである。ここをまったくの草っ原にしておいてはもったいない。史跡というと、「棒杭一本立てて表示しておけばよい。その他は触らない方がいい」という考え方の人もあるようだが、それでは折角見にいっても、「ああ、ここが平城宮跡か」というだけで、いっこうにおもしろくない。もちろん場所がそことわかるだけでもいいといえば、それまでだが、もと何があったかぜんぜんわからないところならともかく、建築の跡として指定するのだから、もとあった建物がどんなものか理解させなければいけない。古戦場だとか、誰かが死んだところだとかいう史跡とは意味が違うのである。

今後どうするかというと、いろいろなやり方がある。地下の遺跡をまったく破壊しないで、建築跡を表示するのなら、朝堂院のように基壇上に建っていた建物であれば、もとの位置に基壇を築くことである。大極殿・回廊・十二堂・朝集殿・応天門など、それぞれのところに土壇をつくり、上に芝を張り、建物名を記した標識を立てる。

これなら、土盛りするだけだから、地下の遺跡にはまったく手を触れない。もし今度また掘って調べたければ、また掘ればいい。その点はいいが、ここにどんな遺跡があったのか、見に行っても埋っているのでわからない。建っていた建物も、土壇だけではとても想像できない。

第二の方法としては、掘って出て来たものを、また埋めもどさずに、露出しておくやり方である。ただ地上に出しておくと、霜や雨で傷むおそれがある。とくに掘立柱を土に掘り込んだあとを残すだけのようなところは、土が崩れてしまう。だから上に屋根をかけ、土や風化しやすい石は樹脂のようなもので硬化させておく。

この方法だと、地下の遺跡が見られるという点でいいが、まさか全部の遺跡にこんなことをするわけにはゆかないから、一部、代表的なものを、これで見せるわけである。

第三の方法は、そこに建っていた建物を復原するやり方である。この方法はそこに行った人に、昔の有様をもっともよくわからせるという意味で最上である。しかし復原建物の基礎工事で、遺跡を破壊する恐れがある。そういう意味で、この方法はいけないと主張する人もいる。昔の状態は図面や、模型で見せればいいという主張である。しかし図面や模型で、昔の状態がほんとうにわかるだろうか。

たとえば登呂遺跡のように、復原家屋が建っているのを、反対論者はどう見るだろう。そこに何もなかったときに、図面や模型だけで実感がえられるだろうか。

金閣は一九五〇年に焼けて、復原したものである。あの庭は金閣が焼けても、もとのまだった。だから金閣を復原しなくても、ここに金閣があったという説明、それに昔の写真でも見せれば十分なはずである——図面や写真だけでわかるのなら。しかし実際にそこに建物を作っておいた方が、いや建物がなければ、建築と庭園との一体となったよさなどは、とうていわかりはしない。

それをわかるという人は、文字に書いたものだけを勉強していて、物自体の形から受ける感銘ということに無関心な人である。こういう議論を押し進めてゆけば、文化財保存などということは、図面・写真・模型といった記録作成で十分で、ほんものを残す必要はなくなってしまう。

物を見ることによって理解する程度はうんと違う。模型なら形もわかるというかもしれない。そういう人は奈良の大仏殿の中にある、天沼俊一の作った東大寺の模型を見るがよい。これだけで東大寺の壮大さを実感として受取ることができるのだろうか。少なくとも一般の人には、そんな芸当はできない。そして一般の広い範囲の人々の、ほんとうの理解をえて、文化財の保存の意義も生きてくるのである。

一部の学者先生方がわかっただけでは、意味がない。こうした考え方からいえば、一部、遺跡を破壊することは、やむをえないことと諦めて復原を計るべきである。

これに対して、またある人はいうだろう。そんなことをいったって、奈良時代の建築が復原できるのかと。

平城宮の場合、登呂などとは違う。弥生時代の建物は今日一棟もないが、奈良時代の建築は幸いにして、二十数棟も現存している。それらは後世の修理で改造されたところも少なくないが、昭和一〇年代以来の修理工事にあたっての調査で、もとの状態がはっきりわかっている。しかも、平城宮の建物そのものが、唐招提寺の講堂として残っている。

もとのものとまったく同じとはゆくまいが、これによって作られる建築は、まず同じといってさしつかえない。応天門やその他の建物などについては、平安宮のものが絵巻に描かれているのも、大いに参考になろう。

京都御所が外苑を含めて約二〇万坪だから、奈良と大阪とを一緒に考えれば、平城宮跡三〇万坪も、そう広いものではない。しかし三〇万坪をただの芝生にしておいても仕方がないだろう。ここにはやたら木も植えられない。遺跡保存という意味では、木の根が遺跡を破壊してしまうからである。

史跡公園の設立

こういったとて、三〇万坪全部に昔の平城宮の建物を建てる必要はない。幸い、朝堂院も内裏も二通りあるのだから、一方を復原し、一方は土壇で残すといった、両方の保存法を計るのがいいだろう。そして一部は発掘の跡を見られるように、上屋《うわや》をかけて、埋めないでおく。

朱雀《すざく》門を入ると、堂々たる奈良時代の様式による朝堂院がそびえたっている。奈良時代の宮城とはこういったものなのかという実感が、ここに来てはじめて湧いてくる。

その建物は歴史博物館として宮跡から発掘された遺品の陳列はもちろん、平城京の諸大寺のものも出陳できるものはならべる。もし正倉院のものもここに陳列できれば、なおいい。陳列品は必ずしも奈良時代の遺物そのものである必要はない。復原して作ったものの方が、もとの形、色がよくわかるものもあるし、一般の説明用としては、その方がかえっていい場合も多い。ここに来れば、飛鳥・奈良時代のことがすべてわかる歴史博物館にしよう。

博物館は美術品をならべるだけが能ではない。研究施設もいるし、資料その他の収集、保管、利用するための施設もいる。復原した官庁の建物は、こういった施設として活用できる。

文献には南苑・松林苑・島院・中島院などの語が見える。これらのうちには、宮城外にあったのがあるかもしれないが、何らかの庭園施設が宮城内にもあったろう。現に東方の張出し部から池庭の一部が発見されている。これはそのまま庭園として復原すればいい。万葉植物園もここに移そう。

『続日本紀』によれば、平城宮を造るため、「菅原の地の民九十余戸を遷す」とある。宮城の全面発掘が進むと、きっとこの庶民の家のあとも出てくるだろう。京内の庶民の家の敷地は一町の一六分の一を基準とし、その半分、あるいは四分の一のものもあり、そこに一、二棟の建物があったことも、『正倉院文書』でわかっている。

また奈良高校の校庭その他からは、かなり大きな建物の跡も発掘されている。おそらく貴族の住宅かなにかだろう。それと平面は違うが、実際の建物としては、橘夫人家の建物が法隆寺に移され、伝法堂として残っているし、『正倉院文書』によって、左大臣藤原豊成が近江の紫香楽宮の近くに建てた住宅の復原模型も作られている。

こういった資料は、今後発掘に対する関心が高まれば、平城京内の各地で見つかるだろう。それを、その場所場所に作ることは困難だろうから、平城宮内の一部に作ることも、おもしろいことではないか。

こうした施設を一括して、ここを平城宮史跡公園としよう。それには、三〇万坪の土地はけっして広すぎはしない。現に犬山にある「明治村」は敷地を倍にして三〇万坪を予定している。

史跡公園をつくったら、それへの道路が要る。その道路としては、宮城前を東西に走る二条大路と、正門朱雀門から真南に走る朱雀大路を復原しよう。この道路は東大寺・興福寺・西大寺・唐招提寺・薬師寺など、奈良の寺々をめぐるためにも、ぜひ必要なのだから。いま宮内を斜に走っている近鉄は、宮跡の外を通ってもらおう。朱雀門前に平城宮駅を立て、その南方を新しい奈良の官庁街としよう。平城京の計画を下敷きとして、そこに新生都市奈良を作るのである。

そして朱雀大路の正面に羅城門を建てれば、平城京の広さも、具体的に見ることができるだろう。こうして、長い間打ち捨てられていた古代の奈良は新しい粧いをもって再びこの世によみがえる。

奈良は今でも世界の名所である。しかしその中核として、この埋もれた古代都市を再現し、その中核として平城宮史跡公園を作れば、その声価がますます上り、世界の人をよぶ大きな観光資源ともなるだろう。それは古い奈良を保存する一つの方法でもある。保存は単なる保存に止ってはならない。新しい開発をも含めての保存でなければいけない。この際、緊急を要することは、奈良の、奈良盆地全般を含めての保存と開発の具体的計画を至急樹てることである。それがなければ、保存はつねに後手に回って開発の犠牲にならざるをえない。

歴史と伝統の保存は、たんなるかけ声だけに終ってしまってはいけない。経済の発展に伴なう開発は、つねに自然と歴史の保存に留意しながら進めなければならない。失われた自然と歴史とは、もう二度ともどってこない。幸いにして今日まで無事残ってきた奈良、これを保存して新しい生命を与えることは、現在の時点に生きている私たちの、子孫に対する責務である。

解説　生き生きとした日本の建築史

五十嵐　太郎

歴史学を含む建築の分野

日本の場合、建築学科は一般的に工学部に所属している。だが、工学部において、建築学科がきわめて特異なのは、歴史学が含まれていることだろう。ちょっと古くなったパソコンやケータイが急速に色褪せて見えるように、テクノロジーが常に進化していくのに対し、建築は最新のものが必ずしもベストとは限らない。もちろん、世界一高いビルといった物理的な記録は更新を続けている。しかし、古代から現代まで、人間の身体がさほど変わっていないように、過去のすぐれた空間や芸術的に特筆すべき建築は、今なお大きなインパクトをわれわれに与えてくれるだろう。高層ビルを見慣れた現代人にとっても、古代ローマのコロッセウムや中世のゴシックの大聖堂は驚くべき存在感をもっている。これらは石造という技術体系、あるいは当時の社会背景のなかで究めた建築であり、そもそも鉄やコンクリートでつくる現代の建築とは異なる価値を生みだしているからだ。

日本の木造建築も、同様である。例えば、法隆寺や東大寺、伊勢神宮や桂離宮などの古建築は、現代建築に劣ることがないデザインをもち、二一世紀の世界を生きるわれわれをいまだに魅了している。それゆえ、建築は工学部でありながら、例外的に歴史学の分野が存在するのだ。一九八〇年代の後半、筆者が大学で日本建築史を学んだときの教科書が、太田博太郎の『日本建築史序説』(彰国社)だった。これは一九四七年に初版が刊行され、その後、改訂や増補をしつつ、半世紀以上にわたって、日本建築史の定番になっている。太田自身、これを最初に執筆したのが一九三九年だというから、他のジャンルの歴史書と比べて、おそろしく息が長い通史と言えるだろう。戦前は足立康や関野貞らによる日本建築史の通史が書かれていた。が、太田以降は研究が細分化し、しばらく日本建築の通史そのものが登場していない。共著の形式による通史は少し刊行されているが、一人による通史はほとんどないのだ。最近、ようやく新しい通史も刊行されるようになったが、まだ太田に代わるほどポピュラーなものにはなっていない。

ところで、西洋においても、ニコラウス・ペヴスナーやジークフリート・ギーディオンらが広く読まれた通史を執筆したのは、二〇世紀の中頃である。これが興味深いのは、世界中にモダニズムが流布していく時期と重なっていることだ。もっとも、近代建築は過去を否定し、歴史と断絶する新しいデザインである。一見矛盾するように思われるかもしれないが、モダニズムは歴史の最先端にいるという意識が強かった。したがって、ギーディオンがそう振るまったように、古代から近代までを記述する建築史は、モダニズムの正統な出生証明書としても機能した。つまり、近代建築の興隆と通史の整備は相補的な関係にあったのである。実際、『日本建築史序説』からは、「構造のもつ力学的な美しさ」、「簡素清純な表現」、「無装飾の美」、「非相称性」、「直線的」など、モダニズムと共通した評価軸を指摘できるだろう。また同書は、中国建築との差異から日本建築の特性を論じる手続き上、日本らしさを追求するナショナリズム的な側面もないわけではない。

ところで、学部時代に筆者が読んでいた『日本建築史序説』は、東京芸術大学の芸術学科で学んでいた両親のお下がりだった。本棚から探して、その本を改めて調べてみると、一九六二年に刊行された第一〇版第一刷である。全部で二六九ページ。日本建築史のバイブルだけあって、四半世紀前と変わらず、同じ本を使うことができたわけだ。その後、大学院時代に新しく購入したのが、一九八九年に刊行された増補第二版であり、三六九ページに膨れている。本文が加筆されたわけではない。では、なぜ一〇〇ページも増えたのかと言うと、巻末の「日本建築史の文献」のデータベースが、最新の研究も含んで拡大されているからである。同じ本の最新版を購入した理由も、この部分の資料性が目的だった。いわば戦後の日本建築史研究の発展は、そのまま『日本建築史序説』という一冊の本に組み込まれている。日本建築史の創始者が慶応三年（一八六七）生まれの伊東忠太だとすれば、大正元年（一九一二）生まれの太田博太郎は戦後における日本建築史の代名詞というべき人物なのだ。

『日本の建築』について

建築史家の鈴木博之によれば、『日本建築史序説』は「日本建築史の全貌を把握し続け、その全体像をわかりやすく示すことが、太田先生の大きな目的であった」(「太田博太郎先生を悼む」『建築雑誌』二〇〇七年四月号)。なるほど、これは概説書として、一通りの知識をシステマティックに得るのには便利で、かつコンパクトにまとまっている本だが、後から巻頭に加えられたエッセイ風の「日本建築の特質」以外は、古代から幕末までを網羅的に記述するために、やや急ぎ足になっている感も否めない。最初に教科書として手にとったせいもあるが、学部時代にすんなり読めなかったのをよく覚えている。

読み物としては、太田博太郎があちこちで発表した論考をひとつに束ねた本書、すなわち『日本の建築　歴史と伝統』の方がおもしろい。現在も多くの大学で使われている日本を代表する通史を背負うのではなく、もっと好きなように書いているからだ。はしがきでも記されたように、各章の重複は幾らかあるものの、それゆえ、どこからでも読める内容になっている。また要点が繰り返し記述されることで、彼にとって大事な日本建築史の構図が明快に強調されている。そして何よりも結果だけが示されているのではなく、彼が具体的にどのようにモノを考えているのかを追体験できるのが、本書の魅力だろう。半世紀近くも前に刊行された本とは思えない輝きをいまだに放いている。

冒頭の「原始住居の復原」では、想像上のプリミティブ・ハットである天地根元宮造から始まり、考古学的な成果や民俗学的な観察を踏まえて、貴族住宅─庶民住宅、高床─土間、切妻─寄棟、ハシラ─サス、垂木の平行配置─放射配置など、住宅の空間を二系統に整理しつつ、竪穴住居の屋根構造を推測している。本来の日本はこうあるべきというイデオロギーではない。構造合理主義的なアプローチの考察は、モダニズム的でさえある。読み進めると、遺構を発掘する考古学だけでもなく、かといって当時のテキストがないために、文献史料に基づく歴史学ではなく、時代性は曖昧だが、民俗史料も活用しながら、建築的に論じるプロセスがうかがえる。建築史というジャンルになじみがない読者にとっては、こうした思考の軌跡を通じて、建築史という学問を理解することになるはずだ。

基本的に『日本の建築』は時代順に各章が並んでいるが、教科書的な通史ではないから、必ずしも網羅的ではない。おおむね時代区分で言うと、一章と二章が建築の起源に関する考察、三章〜五章が古代（ただし、五章は古代から中世への推移）、六章〜八章が中世、九章〜十一章が近世、そして近現代における建築保存を扱う十二章〜十四章である。建築史学の始まりと展開、また今まさに起きている出来事について同時代的な立場から論じた最後の部分は、他の章とはやや趣が異なるが、後に太田が『歴史的風土の保存』（彰国社、一九八一年）をまとめているように、重要なライフワークだった。この本では、自身が高校、大学とサッカーに打ち込んだ性格から、理論よりも実践的に動くタイプだと述べ、急速な近代化によって都市が個性を失う状況に危機感を覚え、史跡、町並みから明治建築や地名まで、様々なレベルで保存運動を推進したことを振り返る。

近現代もまた歴史の外部ではない。逆に言えば、歴史も過去のものではなく、現代に生きている。太田は大学を卒業後、数年の軍隊生活を送り、研究が分断されていた。戦後、落ち着いて建築史の研究を再開したとき、今度はアメリカの爆撃ではなく、日本の経済成長によって近代の様式建築が壊されていくのを目撃する。彼が明治時代の法隆寺と呼ぶ三菱一号館も、一九六八年に解体された。もっとも、二一世紀に入り、この建物は復元されている。太田は十四章の「平城宮跡の保存」において、未来に平城京跡をどう残すかを三つの方法に分けて論じながら、復原の重要性を説いているが、二〇一〇年の平城遷都一三〇〇年祭では、実際に大極殿と朱雀門が復原された。失われた歴史が現代に甦っている。

『日本の建築』において、建物の種類では神社が少ない。五章の「入母屋造本殿の成立」だけだが、純粋に神社建築を論じたというよりも、仏教建築の影響を射程に入れて、古代の形式がどのように変化したかを考察している。また法隆寺や薬師寺など、古代の寺院に関する章も含まれていない。とはいえ、関心がないわけではなく、太田には『奈良の寺々古建築の見かた』(岩波書店、一九八二年)という著作もある。同書では、七、八世紀の古建築が日本建築の基本であるとし、禅宗の影響を受けていない奈良の寺院を詳しく解説しているので、古代寺院に興味のある方は、こちらを参照されたい。

ところで、奈良に関連して、太田博太郎編による『奈良の宿・日吉館』（講談社、一九八〇年）という書物が刊行されている。今はもう建物が解体されてしまったが、かつて建築史や美術史の研究者、あるいは芸術家がよく泊まっていた大正時代に創業した伝説の宿を仕切った田村きよの半生記と、宿泊した学者らが日吉館に寄せた文章から構成されているものだ。太田は、日本建築史を一生の仕事にしようと大学に入り、毎年の夏休みをすべて古建築の見学に費やしていたが、初めて日吉館に泊まったのは一九三七年で、後に東京大学の関西の古建築旅行で毎年使うようになったという。筆者もこの小さな宿が完全に営業を停止する直前の九〇年代に何度か宿泊したことがある。当時、大学院生だった筆者は、宿帳を見せてもらい、昔のものをめくりながら、太田を含む名だたる建築史家が泊まっていたことを改めて確認し、身が引き締まる思いをした。

中世という時代への関心

本書の中でも、七章の「和様と宋様」における浄土寺浄土堂の描写から始まる出だしは、外観から内観の説明、空間や細部の特徴、また重源の個人史から彼がデザインに込めたと思われる考え方に至るまで、とりわけ魅力的な筆致だろう。そして観念論としてではなく、中世に中国から輸入した最新の建築様式の受容をめぐって、具体的なディテールの取捨選択における日本的な感性を説明している。この章は筆者が大学院のとき、指導教官の横山正先生に指定されて、ゼミで読んだ論文だったこともあり印象深い。六章の「鎌倉時代の建築と工匠」は、デザインの背後を探り、興福寺の和様と東大寺の大仏様は、それぞれ工匠集団の新勢力と旧勢力、あるいは両者の経済基盤や建設体制の違いなどが反映されていることを指摘している。太田は自ら唯物史観と機能主義の影響を認めているように、デザインそのものの分析だけではなく、それが導きだされる必然性や社会状況をていねいに考察している（『太田博太郎と語る　日本建築の歴史と魅力』彰国社、一九九六年）。

太田は著作『中世の建築』（彰国社、一九五七年）において、中世が自分の心をとらえたと述べ、その理由として、大仏様、禅宗様、折衷様など、いろいろな動きがダイナミックに生起した大きな変革期だったことや、寺院以外に書院造など住宅史的にも面白い時代であることを挙げている。また別の座談会において、こう回想していた（『日本建築の歴史と魅力』）。バウハウスや分離派など、近代の建築運動をリアルタイムで目撃してきたからこそ、中世建築の流れを面白く叙述することに関心をもったのかもしれない、と。中世へのこだわりは、『建築学大系四　日本建築史』（彰国社、一九五七年）からもうかがえる。同書において、彼は古代と近世はイントロダクションと本文のごく一部だけを執筆しているが、中世のパートは全体的に自ら書いているからだ。そして中央集権体制が崩壊した中世は、古代にはない複雑な発展の様相を展開し、明治維新による西洋建築の伝来があるまで、これに匹敵する大きな変化はないと位置づけている。

中世の関連では、『書院造』（東京大学出版会、一九六六年）や『床の間』（岩波書店、一九七八年）などの単著も刊行している。後者の本では、床の間が現代の日本住宅に残る象徴的な要素であり、その起源をたどると、寝殿造から書院造に変化する途中で登場した押板にまでさかのぼるという。言うまでもなく、当時の人々の生活がどうであったかと深く関わるテーマだ。本書でも、四章、八章、九章、十章を読むと、家族、男女、社会の様子と絡めて、古代から中世、そして近世の住宅史の流れを追うことができる。『書院造』では、二〇世紀の日本住宅の大部分はまだ中世初期から近世初期にかけて成立した書院造のうちに含まれており、住宅を考える原点となるとみなす。そして茶室の美学の影響や贅沢をしない経済状勢が、飾りの少ない和風建築の室内意匠を生んだという。すなわち、現代と地続きになっている歴史として、中世の住宅をとらえているのだ。なお、太田は『住宅近代史』（雄山閣、一九六九年）において、明治時代以降の生活改善運動から、プライバシーの重視による中廊下住宅の誕生、戦後の2DKまでを論じた序文を寄せている。こうした日常の延長にある住宅史は、一般の人にもなじみが深い内容だろう。

太田は、数学者になりたいと思っていたことから、原理やルールを発見することに興味があったという。また建築史家の藤井恵介は、太田の記述する歴史の特徴を「大づかみな、ダイナミックな発展過程」の記述だと指摘している（『日本建築の歴史と魅力』）。実際、しばしば二項対立的に流れを整理することも多く、例えば、本書の十章「桂離宮」では、貴族住宅と民家の二系統を挙げながら考察しているが、こうした明快な構図は丹下健三による桂離宮論にも影響を与えたのではないか。また二章の「日本建築様式の成立」では、「中心に向かう、集約的な空間構成と、左右に拡がっていく羅列的な空間構成」などの対比によって特徴づけているが、西洋美術史のヴェルフリンによるルネサンスとバロックの比較手法を想起させるだろう。伊東忠太がプロポーションや地域的な進化論によって日本建築を論じたのに対し、太田の世代では別のフェイズに移行していた。しかし、決して硬直した歴史ではない。当時の人々の考えやふるまい、社会や制度などの時代背景を含めて、生き生きと描く日本建築史になっているところに、時代を超えた本書の魅力があるのだろう。

口絵・挿図　目次

口　絵

伊勢神宮内宮正殿（渡辺義雄氏撮影）／法隆寺金堂／京都御所紫宸殿／浄土寺浄土堂（永野太造氏撮影）とその平面図／東大寺南大門／興福寺北円堂／慈照寺銀閣／姫路城天守閣／園城寺光浄院客殿／曼殊院書院／二条城大広間／妙喜庵待庵／西本願寺書院／桂離宮楽器の間西の広縁と中書院西側／桂離宮池と松琴亭

挿　図

〔カバー写真〕石元泰博　桂離宮 新離宮 東側外観　1954年
高知県立美術館所蔵 © 高知県

本書は一九六八年七月一〇日、筑摩叢書として
弊社より刊行されたものである。

ちくま学芸文庫

日本《にほん》の建築《けんちく》　歴史《れきし》と伝統《でんとう》

二〇一三年四月十日　第一刷発行
二〇二一年二月五日　第二刷発行

著　者　太田博太郎（おおた・ひろたろう）

発行者　喜入冬子
発行所　株式会社　筑摩書房
東京都台東区蔵前二―五―三　〒一一一―八七五五
電話番号　〇三―五六八七―二六〇一（代表）
装幀者　安野光雅
印刷所　中央精版印刷株式会社
製本所　中央精版印刷株式会社

ISBN978-4-480-09544-2 C0152